KB149526

부와 성공을 부르는
유대인의 지혜

5천 년 탈무드의 지혜를 소유하라
부와 성공을 부르는 유대인의 지혜

지은이 임재성
발행처 도서출판 평단
발행인 최석두
표지디자인 김윤남
본문디자인 신미연

등록번호 제2015-00132호
등록연월일 1988년 07월 06일

초판 1쇄 발행 2022년 06월 30일
초판 4쇄 발행 2023년 10월 23일

주소 (10594) 경기도 고양시 덕양구 통일로 140 삼송테크노밸리 A동 351호
전화번호 (02) 325-8144(代)
팩스번호 (02) 325-8143
이메일 pyongdan@daum.net

ISBN 978-89-7343-545-6 03190

ⓒ 임재성, 2022, Printed in Korea

부와 성공을 부르는
유대인의 지혜

5천 년 탈무드의 지혜를 소유하라

임재성 지음

평단

왜 유대인을
배우려고 하나?

전 세계 각계각층의 사람들이 다양한 분야에서 유대인을 배우고자 합니다. 교육, 경제, 처세 분야에서 유대인 관련 서적들이 쏟아지고 있고 유대인 연구자들도 속출하고 있습니다. 심지어 유대교와 전혀 무관한 사람들이 유대교의 성서라 할 수 있는 《탈무드》를 부지런히 공부합니다. 왜 그럴까요?

언제부턴가 유대인은 전 세계적으로 성공의 아이콘이자 부의 대명사가 되었기 때문입니다. 유대인이 누구이고 유대교가 뭔지는 몰라도, 우리도 그들처럼 살면 금세 부자가 될 것 같고 서울대, 하버드대, 예일대 등 명문대학에 입학할 수도 있을 것 같습니다.

그렇게 생각하는 것도 무리가 아닌 것이 전 세계 인구의 0.2%에 불과한 유대인이 각계각층에서 세계 상위권을 차지하고 있습니다. 천재와 동의어로 칭송받고 있는 알베르트 아인슈타인도 유대인이었고, 영화 천재 스티븐 스필버그도 유대인이었습니다. 금융재벌 로스차일드 가문, 석유재벌 존 록펠러, 철강왕 앤드루 카네기, 세계 1등 부자 빌 게이츠도 유대인입니다. 미국의 경제 대통령이라 불리는 미 연방준비제도이사회 의장은 4회 연속 유대인이 차지했습니다.

마이크로소프트, 구글, 페이스북, 스타벅스, 인텔, 델 창립자가 모두 유대인이며, 역대 노벨상 수상자의 25%, 미국의 전체 GDP의 20% 집단을 장악하고 있는 부자 및 엘리트 집단도 바로 유대인입니다. 하버드대, 예일대, 보스턴대 재학생 총합계의 82%가 또 유대인입니다. 이외에도 유대인의 성공을 나열하려면 끝이 없을 것입니다.

《탈무드》로 배우는
유대인의 지혜

우리나라의 높은 교육열은 세계적으로 인정받고 있습니다. 미국의 전 대통령 오바마는 우리나라의 우수한 교육 수준에 대해 몇 차례나 공개적으로 언급했지요.

한국전쟁의 잿더미에서 모두가 가난했던 시절, 우리 선조들은 자본도 자원도 부족한 나라에서 희망은 오직 사람에게 있으며, 교육에 우리의 미래가 달렸다고 믿었습니다. 그래서 자녀 교육을 위해 그토록 많은 투자와 희생을 감수했던 것입니다.

우리나라에서 유대인과《탈무드》에 대한 열풍이 불기 시작한 것도 높은 교육열과 관련이 깊습니다. 주일미군 장교이자 와세다대학 히브리어학과 교수였던 유대인 랍비 마빈 토케이어가 집필한《탈무드》일본판들이 한국에 소개되었고, 유대인의 교육법인 하브루타 등이 큰 붐을 일으켰습니다. 최근엔 유대인 부자들에 초점을 맞춘 책들이 늘어나는 추세인 것 같습니다.

유대인은 확실히 부와 성공에 있어서 탁월한 면을 보이고 있습니다. 이 책은 유대인의 그 모든 성공의 근원을 탐구하고 있습니다. 유대인의 교육, 경제, 창의력 등은 따로따로 분리된 게 아니라, 일관성을 지니고 있습니다. 그 일관된 가치를 만드는 것이 바로 《탈무드》이죠.

《탈무드》는 유대인의 율법서인 《토라》에 랍비들의 주석과 민간전승을 덧붙인 것으로 그들의 성서라 해도 무방합니다. 이 책에서는 《탈무드》의 방대한 내용 가운데 '부와 성공'이라는 콘셉트에 맞는 문장들을 뽑아 실생활에서 적용하기 쉽도록 풀어 설명하고 있습니다. 남녀노소, 직업 및 지위 고하를 뛰어넘어 누구에게나 도움이 되리라 믿습니다.

이 책을 읽다 보면, 유대인은 우리와는 여러 면에서 출발선부터가 매우 다름을 알게 될 것입니다. 유대인인데 성공하지 못했다면 그건 문제라고 여겨질 정도입니다. 성공할 수밖에 없는 그들만의 문화와 삶의 방식을 발견하고 배우는 것이 이 책의 목표입니다.

유대인은 초등학교 6학년 무렵인 13세 때부터 이미 투자와 재테크를 시작하고 대학 졸업 무렵에는 창업에 필요한 자금을 어느 정도 확보합니다. 20대 초반부터 이미 그들은 창업을 할지 취업을 할지 더 많은 공부를 할지 행복한 고민을 하게 되죠. 《탈무드》를 바탕으로 결혼과 임신 전부터 시작되는 자녀 교육, 세 살 무렵부터 시작되는 가정 교육은 창의력 부문에서 그들을 단연 세계적인 강자로 만들어줍니다.

이 책의 구성

책은 크게 5부 23장으로 나눕니다. 1부는 유대인의 문화와 태도에 관한 파트입니다. 공동체를 중시하는 문화, 솔선수범과 감사를 의무로 여기는 그들의 삶의 방식부터가 참 특별하다는 것을 느낄 수 있습니다. 2부에서는 유대인의 교육을 집중적으로 파헤치고 있습니다.

그들은 무엇보다 가정을 중시합니다. 자식 잘되길 바라는 마음은 전 세계 부모가 다 똑같겠지만, 유대인은 그런 부모 마음을 특별한 방식으로 실천에 옮깁니다. 유대인이 창의력 부문에서 세계 무대를 주름잡고 있고 노벨상을 휩쓰는 비결들을 배우게 되는 파트가 될 것입니다.

3부와 4부에서는 유대인의 경제 개념과 비즈니스 방식에 관해 자세히 다루고 있습니다. 유대인 중에 세계적인 갑부가 많은 이유와 그들이 부를 축적하는 방식을 살펴보았습니다. 유대인이 돈을 잘 버는 이유는 그들이 특출한 DNA가 있어서가 아니라, 그야말로 교육의 힘입니다. 어릴 때부터 체계적으로 이루어지는 경제 교육과 《탈무드》를 바탕으로 한 돈 공부가 그들을 세계적인 부자로 만들었다고 해도 과언이 아닙니다.

유대인에게는 악덕 상인의 이미지가 있지만, 그들은 그 어느 민족보다 정직과 신용을 강조합니다. 돈에 대한 그들만의 철학이 있어서 많이 벌고 많이 나누는 삶을 당연하다고 생각합니다. 유대인 중에는 갑부도 많지만 기부왕도 많은 것은 그래서입니다.

소유와 행복에 대한 민족 특유의 가치관을 기반으로, 장사에서는 배려와 유머를 큰 무기로 삼습니다. 침묵과 경청이라는 고도의 협상 전략으로 비즈니스에서 늘 우위를 점합니다. 유대인이 비즈니스에서 성공할 수밖에 없음을 깨닫게 될 것입니다.

마지막 5부에서는 쾌락과 고난, 휴식에 관한 유대인의 태도를 살펴보고 있습니다. 유대인은 자타공인 세계에서 가장 격심한 수난을 당한 민족이죠. 11~13세기 십자군 전쟁기에 무차별 학살을 당했고 18세기 무렵까지는 종교 차별로 인해 게토라는 분리 구역에 강제 이주해 살아야 했습니다. 20세기에는 나치의 유대인 말살 정책의 희생양이 되는 지울 수 없는 상처를 입기도 했습니다.

　5부에서는 그런 고난에도 유대인들이 생존을 넘어 세계 최고의 성취를 거머쥔 비결을 집중 탐구합니다. 휴식을 중시하고 쾌락과 선행의 균형을 지킬 줄 알며 정체성 교육에 심혈을 기울이는 이야기들이 나옵니다.

한민족의 우수한 DNA에 날개를 달자

　이 책을 읽으며 유대인이 부러워 미칠 수도 있습니다. 성공하지 않을 수 없는 그들의 태도에 시기심이 생길 수도 있습니다. 그러나 유대인이 별종이어서가 아니라, 선조들로부터 내려오는 문화와 철학, 교육 덕분에 그렇다는 것을 알게 될 것입니다. 그런 사실은 우리에게는 위로와 희망이 됩니다.

우리 한민족이 얼마나 성실한 민족입니까? 한류가 세계 무대를 장악할 정도로 우리의 문화 DNA는 또 얼마나 우수합니까? 이런 점만큼은 유대인도 감히 우리를 따라올 수 없을 것입니다. 우리 민족 특유의 성실함과 우수한 문화 DNA에 유대인의 삶의 방식을 접목하면 우리는 유대인을 뛰어넘는 세계 1등 국민이 될 수도 있습니다.

우리가 오늘날 종교와는 무관하게 《탈무드》를 읽고 유대인에 대해 배워야 하는 의미가 거기에 있습니다. 이 책을 읽는 여러분 모두 유대인을 뛰어넘는 부와 성공을 이루시길 응원합니다.

저자 임재성

1부

유대인의
성공 비결,
문화와 태도

유대인의 성공 문화,
끈끈한 네트워크

개인보다
공동체가 우선이다

한 사람이 자기 집 뜰의 돌들을 도로에 내다 버리고 있었다.
지나가던 노인이 물었다. "왜 당신은 그런 짓을 하고 있는 거
요?" 그러나 그는 웃기만 할 뿐 아무 대답도 하지 않았다.
20여 년이 지나서 그가 자기 땅을 팔게 되었다. 땅을 남의 손
에 넘기고 다른 마을로 떠나려고 첫발을 내딛는 순간, 전에
자기가 버린 돌멩이에 걸려 넘어지고 말았다.

《탈무드》의 이 이야기는 남을 배려하지 않는 태도를 경고하고 있다. 지나가는 사람들의 위험 따위는 아랑곳하지 않고 그저 자기 편한 대로 길에 돌들을 마구 내버린 사람이 있었다. 한 노인이 이를 지적했지만, 그는 그 말을 듣지 않다가 결국 그 돌에 걸려 넘어지고 말았다.

유대인들은 공동체 정신을 강조한다. 같은 민족끼리 뭉치지 않으면 살아갈 수 없던 역사적 배경도 있었지만, 근본적으로는 《탈무드》의 이런 가르침 때문이다. 예배당에 모여 기도하고 하브루타로 《탈무드》에 대해 토론하는 것도 공동체 정신에서 비롯되었다. 하브루타란 두 사람이 짝을 지어 토론함으로써 최선의 답을 찾아가는 유대인들의 학습법을 말한다.

공동체를 우선시했던 유대인은 세계 속에 흩어져 살면서도 늘 끈끈한 네트워크를 형성했다. 도움이 되는 정보가 있다면 아낌없이 공유했다. 서로를 책임져 주는 정신이 강해서 무슨 일이 생기면 '공동 책임'을 강조하며 함께 난관을 극복해 나갔다.

공동체에서 가장 위험한 생각은 "나 하나쯤이야." "나 하나는 괜찮겠지."라는 것이다. 이런 생각으로는 더불어 살아가는 아름다운 사회를 만들 수 없다.

　　자신을 부당하게 대우하는 회사에 대해 항상 불만인 사람이 있었다. 마침내 회사 사장에게 불평을 늘어놓을 권리가 있다고 생각한 그가 사장에게 말했다.

"나는 이제까지 부당한 대우를 받았습니다. 회사를 위해 뼈 빠지도록 일했으니, 퇴직금이나 받고 그만두겠습니다."

그러자 사장은 사장대로 불만을 토로했다.

"자네는 지금까지 꾀만 부리고 성실하지 못해서 파면시키려고 하던 참인데, 퇴직금은 무슨 퇴직금이야!"

그러던 어느 날, 그는 회사 공금을 횡령하고, 비밀 서류를 빼내어 외국으로 도주했다. 그가 어디로 달아났는지는 아무도 몰랐다. 그런데 한 달쯤 뒤에 외국의 어느 도시에 숨어 살던 그를 회사 직원이 발견하게 되었다. 회사 사장은 자기 친구에게 비행기 표를 건네며 그를 만나달라고 간곡히 부탁했다. 그래서 사장 친구는 비행기를 타고 그를 찾아갔다. 어렵게 그를 만난 사장 친구가 설득했다. "어쩌자고 그런 짓을 했소?"

그러자 그가 퉁명스럽게 답했다. "나는 내 자유대로 행동했을 뿐이오."

사장 친구는 그에게 다음과 같은 이야기를 들려주었다.

"많은 사람이 배를 타고 항해하고 있었습니다. 그런데 한 사람이 자기가 앉아 있는 배의 바닥에 끌로 구멍을 뚫고 있었습니다. 사람들이 깜짝 놀라며 나무라자, 그는 '여기는 내 자리니까 내 마음대로 해도 괜찮다'고 태연하게 말했답니다. 결국 배에 탔던 모든 사람이 배와 함께 물속에 가라앉고 말았지요."

조용히 그 말을 듣던 직원은 사장 친구에게 돈과 서류를 건네주었다. 그는 얼마 후 회사로 돌아가 사장과 많은 이야기를 나누었고, 애초 그가 바라던 만큼은 아니었지만 퇴직금도 받게 되었다.

회사 공금을 횡령하고 비밀 서류를 빼돌린 사람에게 사장의 친구는 이기적인 행위의 결과가 얼마나 비극적인지 이야기했다. 아무리 자기가 배정받은 자리이지만, 배 바닥에 구멍을 뚫으면 배가 바다에 가라앉고 자기뿐만 아니라 배에 승선한 모든 사람이 죽는다는 것을 어찌 몰랐을까?

종종 인생을 같은 배를 탄 항해에 비유하곤 한다. 그 배 안에서 단 한 사람이라도 자기 권리만을 주장하다가는 배 전체가 침몰할 수 있다. 한 사람의 이기적인 행위가 공동체를 무너뜨릴 수 있다.

다행히 이 메시지를 이해한 그 직원은 자기가 빼돌린 비밀 서류와 공금을 모두 돌려주었고 회사로 돌아와 사장과 원만히 문제를 해결했다.

✡

아름다운 사회를 꿈꾸는 당신에게
"나보다 공동체를 먼저 생각하라."

거짓말은
공동체를 파괴한다

네 명의 대학생이 안식일에 모여 놀았다. 그들은 노는 데 정신이 팔려 그다음 날도 학교에 가지 않았다. 교수에게는 깊은 산속에서 자동차가 펑크 나서 오도 가도 못 했다고 거짓말하기로 말을 맞추었다. 학교에 가자 교수가 물었다.

"너희들 왜 학교를 결석했지?"

"산에 놀러 갔다가 자동차가 펑크가 났는데 고칠 수가 없어서 오지 못했습니다."

교수는 아무렇지도 않다는 듯이 태연히 말했다.

"그럴 수도 있지. 그런데 어제 시험을 치렀어. 너희도 시험을 봐야 한다."

그리고 네 명을 각각 먼 자리에 띄어 앉히고는 백지를 주었다. 교수가 말했다.

"시험 문제를 낸다. 어느 바퀴에 펑크가 났었는지 써라."

《탈무드》의 이 이야기는 거짓말이 얼마나 바보 같은 짓인지를 말하고 있다. 네 명의 대학생들은 얕은 거짓말로 교수를 속일 수 있다고 생각했지만, 교수는 그들보다 한 수 위였다. 결국 그 학생들은 거짓말이 탄로 나면서 교수의 신뢰를 잃었을 뿐만 아니라, 시험에서도 낙제 점수를 받게 되었다.

거짓말은 잘못한 자신을 합리화하고 상대방을 속이는 행위이다. 거짓말로 자신의 잘못을 남에게 뒤집어씌우기도 한다. 이처럼 거짓말은 자신의 잘못을 교묘하게 비켜 가려는 술책으로 공동체를 무너뜨리는 위협이 된다. 작은 거짓말이 불신을 낳고 분쟁을 일으키며, 결국 공동체의 평화를 파괴한다.

> 거짓말쟁이에게 주어지는 최대의 벌은 그가 진실을 말했을 때도 사람들이 믿어주지 않는다는 것이다.

거짓말을 일삼는 사람은 신뢰를 얻지 못하므로 결코 성공할 수 없다. 거짓말쟁이가 진실을 말한들 누가 믿어주겠는가? 진실하지 않은 사람의 결말은 파국이다.

정직이
성공의 비결이다

　무한경쟁의 춘추전국 시대를 살았던 공자도 정직의 중요성을 강조했다. 《논어》에 실린 공자와 자장의 대화를 살펴보자.

　자장이 물었다.
　"선비가 어떠해야 통달한 사람이라 이를 수 있습니까?"
　공자가 대답했다.
　"네가 말하는 통달이란 무엇인가?"
　자장이 대답했다.
　"나라에서도 소문이 나며, 집 안에서도 소문이 나는 것입니다."
　공자께서 다시 말했다.
　"그런 사람은 소문난 사람이지 통달한 사람이 아니다. 통달한 사람이란 질박하며 정직하고 의를 좋아하며, 남의 말을 살피고 얼굴빛을 보아 생각해서 몸을 낮추는 사람이다. 소문난 사람이란 얼굴빛은 인을 취하나 행실은 어긋나며 자처하여 의심하지 않으니, 나라에 있어서도 반드시 소문이 나며, 집에 있어서도 반드시 소문이 난다."

통달이란 사물의 이치를 훤히 꿰뚫는 지혜의 경지를 말한다. 학자는 통달을 추구하는 게 당연하다. 그러나 자장은 통달을 유명세로 착각했다. 유명하면 통달한 사람이라고 생각한 것이다. 그러자 공자는 통달한 사람이란 정직한 사람이라며 자장의 생각을 바로잡아준다. 반대로 유명세에 집착하는 사람은 거짓말하는 사람일 수도 있다는 이야기다.

공자 이후 맹자도 다음과 같이 진실함의 중요성을 강조한다.

> 진실함은 그 자체가 하늘의 도이고, 진실함을 추구하는 것은 사람의 도이다. 지극히 진실한데도 남을 감동시키지 못하는 경우는 없고, 진실하지 않은데도 남을 감동시키는 경우는 없다.

진실을 추구하는 것이 사람이 지켜야 할 마땅한 도리라고 맹자는 이야기한다. 진실하지 않은 삶은 언젠가는 그 전말이 드러나고, 진실한 삶도 반드시 진가가 드러난다. 거짓은 한순간 승리를 가져다줄 수 있다. 그러나 최후의 승리는 항상 진실에 있다. 인간의 역사가 이를 증명한다.

왜 사람은 거짓말을 하는 걸까? 사람들이 거짓말하는 것은 결국 욕심 때문이다. 인간의 탐욕스러운 본성은 문학의 단골 주제인데 이를 잘 그려낸 대표적인 희곡 작가로 셰익스피어가 있었다. 셰익스피어의 4대 비극이라 일컫는 《햄릿》《오셀로》《리어왕》《맥베스》에는 탐욕에 사로잡힌 사람들의 최후가 적나라하게 그려져 있다.

《햄릿》에서 왕위를 찬탈하기 위해 형을 죽인 숙부, 남편의 죽음을 슬퍼할 겨를도 없이 새 권력자인 숙부와 결혼하는 어머니, 그 모든 것을 보고도 새로운 권력자에게 아첨하는 데 급급한 궁정 대신들.

햄릿은 일그러진 욕망에 사로잡힌 이들을 바로잡기 위해 싸움을 시작한다. 그것은 애초부터 승산 없는 무모한 싸움일 수도 있었지만, 햄릿은 "이 시대는 온통 어그러져 있어! 오 저주받은 운명이여! 내 그것을 바로잡을 운명을 지고 태어났나니!"라고 외치며 용감하게 부딪친다.

거대한 권력 앞에서 죽음을 각오하며 외로운 싸움을 싸우던 햄릿의 고뇌가 "사느냐 죽느냐 그것이 문제로다."라는 독백에서 전해진다. 결국 장렬한 최후를 맞이한 햄릿의 삶은 '진실을 추구하며 사는 것'이 진정 의미 있는 삶임을 말하고 있다.

거짓말을 해도 괜찮다고 생각하는 당신에게
"거짓말을 하는 사람은 절대 성공할 수 없다."

유대인의 성공 태도 1.
미래에 대한 대비

후손들을
사랑하는 마음

한 노인이 과수원의 뜰에 열심히 묘목을 심으며 잘 자라주기를 바랐다. 지나가던 한 나그네가 노인에게 물었다.

"나무를 심고 계십니까?"

노인은 즐거운 듯 대답했다.

"그렇다네. 나중에 주렁주렁 맺힐 열매를 기대하며 심고 있지."

나그네가 다시 물었다.

"노인께서는 그 나무가 얼마 동안 자라야 열매가 열릴 것으로 생각하십니까?"

노인이 답했다.

"60년쯤 지나야 열리겠지."

깜짝 놀란 나그네가 고개를 갸우뚱하며 물었다.

"어르신께서 그때까지 사실 수 있으시겠어요?"

나그네의 질문이 무엇을 뜻하는지 꿰뚫어본 노인이 답했다.

"물론 그때까지 난 살 수 없겠지. 하지만 상관없다네. 내가 태어났을 때 우리 과수원에는 과일이 많이 열려 있었지. 그건 내가 태어나기 훨씬 이전에 내 할아버지께서 우리를 위해 심어주셨기 때문일세. 나도 내 할아버지처럼 똑같은 일을 하고 있을 뿐이라네."

말을 마치고 노인은 묘목에 정성껏 물을 주었다.

노인은 자신을 위해서가 아니라, 작게는 자기 자손들을 위해 크게는 자기 민족을 위해 나무를 심었다. 먼 미래를 내다보는 지혜가 없었다면 노인은 나무를 심지 않았을 것이다. 그 자신도 누군가가 심어놓은 나무의 열매로 살아왔기에 그랬을 것이다.

교육은
미래를 위한 일이다

교육은 미래를 위해 나무를 심는 행위와 같다. 교육이란 지금의 자신만을 위한 행위보다는, 대대손손 후손들의 발전과 번영을 위한 준비 작업에 해당한다. 교육을 백년지대계(百年之大計)라고 하는 이유가 그것이다. 오늘 당장 열매를 따 먹을 수 없더라도 한 그루의 나무를 심겠다는 마음. 그것이 곧 교육을 대하는 올바른 자세다. 내일 지구가 멸망할 것처럼 급하게 접근하면 교육은 실패할 확률이 높다.

마음씨가 매우 착한 부자가 있었다. 그는 한 하인에게 자유를 주었다. 부자는 하인의 배에 많은 물건을 실어주고는 어디든 좋은 곳을 찾아가 행복하게 살라고 했다. 하인의 배는 넓은 바다로 나아갔다. 그런데 얼마쯤 가서 폭풍이 불어닥쳐 배는 침몰하고 말았다.

배에 실었던 물건들을 다 잃고 몸뚱이 하나만 간신히 빠져나온 그는 가까스로 한 섬에 이르렀다. 슬픔에 잠겨 섬 안으로 얼마를 걸어 들어가니 큰 마을이 나타났다. 그는 실오라기 하나 걸치지 않은 알몸인 채였다. 그런데 놀랍게도 그가 나타나자 마을 사람들이 모두 나와 이렇게 환호성을 질렀다.

"임금님 만세!"

마을 사람들은 그를 왕으로 받들어 모셨다. 한때 하인이던 그가 이제는 호화로운 궁전에 살게 된 것이다. 그는 마치 꿈을 꾸고 있는 것만 같았다. 아무리 생각해도 영문을 알 수 없었던 그는 한 사람에게 물었다.

"알몸으로 여기 온 나를 갑자기 왕으로 받들어 주다니, 도대체 어떻게 된 일인가?"

"우리는 살아 있는 사람이 아니고 영혼입니다. 그래서 해마다 한 번씩 살아 있는 사람이 이 섬으로 와서 우리의 왕이 되어 주기를 바라고 있습니다. 그러나 조심하셔야 합니다. 임금님께서는 일 년 뒤에는, 이 섬에서 추방되어 생물이 전혀 자라지 않는 외딴섬에 홀로 가시게 됩니다."

"정말 고맙네. 그렇다면 지금부터 일 년 뒤를 위해 여러 가지 준비를 해야겠군."

그는 틈틈이 사막과도 같은 그 죽음의 섬으로 가서 꽃도 심고 과일나무도 심어 일 년 뒤의 사태에 대비하기 시작했다. 일 년이 지나자 그는 그 행복한 섬에서 추방되었다. 이 섬에 왔을 때와 똑같이 알몸인 채였다.

그러나 사막처럼 황폐하던 죽음의 섬은 꽃이 피고 과일이 열린 아름다운 마을이 되어 있었다. 일찍이 그 섬으로 추방되었던 사람들이 그를 따뜻하게 맞아주었다. 그리하여 그는 그들과 함께 행복하게 살았다.

영혼들의 섬에서 왕이 된 하인은 자신이 처한 현실을 직시하고는 앞날을 차곡차곡 준비했다. 눈앞에 놓인 행복에 취해 살지 않았다. 마음껏 먹고 누리는 데 만족하지 않고 앞으로 벌어질 일을 준비했다. 그 결과 죽음의 섬은 생명의 섬이 되었다.

《탈무드》의 이 이야기는 미래를 대비하는 것의 중요성을 강조하고 있다. 히브리어로 교육을 '히노흐(ךוניח)'라고 하는데 '준비한다'는 의미가 있다.

가만히 생각해보면, 우리는 모두 누군가가 일구어 놓은 터전 위에서 살아가고 있다. 지금 우리가 누리고 있는 자유 민주주의라는 토대 역시 누군가가 목숨 걸고 싸워서 얻은 것이지 거저 주어진 것이 아니다. 피를 흘리며 나라를 지킨 선조들 덕분에 우리는 지금 자유 대한민국에서 살고 있다. 설령 자신은 그 나무의 열매를 따 먹지 못할지라도 다른 누군가를 위해 나무를 심어놓는 사람이 있었기에 가능한 일이다.

✡

미래를 준비하고 싶은 당신에게
"현실을 꿰뚫어보는 안목을 길러라."

좋은 책을
많이 읽는다

기미를 아는 것은 신일 것이라. 군자가 윗사람과 사귀며 아첨하지 않고 아랫사람을 사귀며 함부로 하지 않으니 그 기미를 안 것이다.

*****

장차 배신할 사람은 그 말에 부끄러움이 있고 마음속에 의심이 있는 자는 그 말이 갈라진다. 길한 사람의 일에는 말이 적고 조급한 사람은 말이 많다. 선을 속이는 사람은 그 말이 놀고 지조를 잃은 사람은 그 말이 비굴하다.

– 《주역(周易)》 '계사전'

기미(幾微)의 중요성을 말하고 있는 《주역》의 문장들이다. 기미란 어떤 일을 알아차리는 눈치를 뜻하며 나아가 상황을 파악하는 지혜를 가리킨다. 같은 말로 '낌새' 혹은 '조짐'이 있다. 낌새, 혹은 조짐을 잘 알아차리는 사람을 우리는 현명한 사람이라고 한다.

《주역》의 이 문장에서는 기미를 잘 알아차리는 사람은 윗사람, 아랫사람에게 지혜롭게 처신할 줄 알며 배신자, 지조 없는 자, 일을 잘하는 자를 분별할 줄 안다고 한다.

우리 시대도 이처럼 기미를 알아차리는 지혜로운 사람들이 많아야 한다. 변화가 일어나기 전 그에 상응하는 낌새나 조짐을 볼 줄 아는 능력을 갖출 필요가 있다. 그런 능력이 있다면 남보다 한발 앞서 미래를 대비하고 갑작스러운 사고를 당할 위험을 피할 수 있다. 빠르게 변화하는 불확실의 시대인 지금 그런 능력이 더욱 요구된다. 그런 사람이 성공에 더욱 가까워질 것이다.

무슨 일이든지 기미가 나타난다. 한 번의 큰 재앙이 일어나기 전 300번의 징후와 29번의 경고가 있기 마련이라는 하인리히 법칙도 이를 말해준다. 그렇다면 우리 삶의 기미를 어떻게 제대로 알아차리는 사람이 될까?

좋은 책을 읽는 것은 기미를 알아차리는 능력을 계발하는 가장 좋은 방법이다. 양서 중에서 특히 인문학 분야를 추천한다. 인문학이란 단어 그대로 사람에 대해 공부하는 학문이기 때문이다. 사람이 어떻게 살아왔고, 앞으로 어떻게 살아가야 하는지를 집중적으로 연구하는 학문이 바로 인문학이다. 인문학에는 역사와 철학, 문학과 신화, 다양한 예술 등이 포함되는데 이는 궁극적으로 더 나은 세상을 위한 '사람 공부'에 해당한다.

인문학을 배우는 과정 또한 오늘 한 그루의 묘목을 심는 것과 같다. 인문학을 통해 얻은 사유와 지혜가 곧바로 인생의 결과물을 가져다주는 것은 아니기 때문이다. 인문학은 당장 먹고사는 문제를

해결해주지 못하는 것 같지만, 훗날의 번영과 행복을 위한 중요한
준비 작업의 재료이다.

✡

더 나은 미래를 만들고 싶은 당신에게
"인문학으로 사유와 지혜를 얻으라."

3장

유대인의 성공 태도 2.
솔선수범

부모의 언행일치가
교육의 핵심

나란히 선 두 집 사이에 담장이 있었다. 한 집에서 담장 밑에 채소를 심었다. 그런데 옆집 나뭇가지가 담을 넘어와서 그늘을 만들었다. 그러자 그늘 때문에 채소가 자라지 못했다. 담장을 넘어온 가지를 잘라달라고 이웃집에 요청했다. 그러자 이웃집 사람이 말했다.

"안 됩니다. 이 나무는 균형이 제대로 잡힌 상태인데 한쪽을 자르면 나무의 값어치가 떨어집니다."

두 사람은 좀처럼 합의에 이르지 못하자 랍비를 찾아가 해결을 부탁했다. 랍비는 가만히 듣더니 내일 판결하겠다고 말하고는 둘을 돌려보냈다. 다음 날 둘이 랍비를 찾아가자 랍비는 "나뭇가지를 잘라야 합니다."라고 답했다.

"그렇게 간단한 이야기를 왜 어제 말하지 않고 하루를 미룬 것입니까?"

"잘라야 한다고 말하려다가 우리 집 나무가 옆집 담장을 넘어간 것이 생각났습니다. 그래서 어제 집에 가서 우리 집 나무를 먼저 잘랐지요. 그러고 나서 잘라야 한다고 말하는 것입니다."

《탈무드》의 이 이야기는 솔선수범이 무엇인지를 잘 보여준다. 랍비는 자신의 잘못을 먼저 고친 다음 다른 사람을 가르치고 있다. 옳고 그름은 누구나 이야기할 수 있지만, 자기가 말한 대로 실천하는 사람은 드물다. 《탈무드》는 남을 가르치려거든 자신이 먼저 그렇게 살라고 이야기하고 있다.

랍비는 유대인들의 존경을 받는 사람이다. 랍비의 말에는 권위가 있어서 누구나 그 말을 진리라고 생각하고 따른다. 그렇기에 더더욱 이 랍비는 자신의 잘못된 행위를 뉘우치고 바로잡은 뒤에야 자신을 찾아온 사람에게 잘잘못을 이야기한 것이다. 삶으로 증명되지 않은 가르침은 아무런 영향력이 없다는 것을 그는 알았다.

가장 좋은 교육은 보여주는 것이다. 부모가 자녀에게 모범을 보여주면 자녀들은 부모의 모습을 그대로 따라 한다. 말로 훈계하는 것보다 강력한 힘은 삶으로 말하는 것이다. 청산유수처럼 막힘없이 말을 잘해도, 말 따로 행동 따로인 사람의 말은 전혀 먹히지 않는다. 진정한 교육은 말과 행동이 일치할 때 이루어진다.

✡

자녀를 잘 교육하고 싶은 당신에게
"가장 좋은 교육은 부모가 모범을 보여주는 것이다."

리더의 덕목
솔선수범과 헌신

전선에 배속된 부대장에게 손님이 찾아왔다. 부대장이 그 손님과 식사하고 있는데, 당번 사병이 맥주를 가져왔다. 부대장이 사병에게 물었다. "사병들 마실 것도 있는가?"

"아닙니다. 오늘은 맥주가 적어서 부대장님께만 가져왔습니다."

"그렇다면 오늘은 나도 마시지 않기로 하지."

부대장은 맥주를 마실 권리가 있었음에도, 부하들을 위해 그 권리를 포기했다. 공공의 선을 위해 개인의 권리를 포기하는 것을 헌신이라 하는데, 헌신은 리더의 필수 덕목이다.

훌륭한 리더의 좋은 예로 인도의 마하트마 간디가 있다. 간디는 비폭력 운동을 주도하며 민족해방을 위해 힘쓴 인도의 정신적 지도자였다. 평생을 인도 국민을 위해 헌신했기에 그의 말 한마디는 인도 국민들에게 큰 힘이 되었다.

그런 간디에게 친구들은 그의 삶을 글로 기록해두라고 조언했다. 그러면 더 많은 국민이 그 글로 힘과 용기를 얻을 수 있지 않겠느냐며 말이다. 하지만 간디는 그럴 시간이 없다며 "내 삶이 곧 내 메시지입니다."라고 대꾸했다.

동양의 군주론이라는 《한비자》에는 다음과 같은 이야기가 있다.

추나라 왕이 갓끈을 길게 매는 것을 좋아하자, 갓끈을 길게 매는 것이 유행이 되어 갓끈이 매우 비싸졌다. 추나라 왕이 이를 걱정하며 신하들에게 그 까닭을 물으니, 이런 답이 돌아왔다.

"왕께서 갓끈을 길게 매는 것을 좋아해서 백성들 또한 갓끈을 길게 매기 때문에 비싸진 것입니다."

이 말은 들은 왕은 솔선하여 갓끈을 짧게 잘라매고 외출했다. 그랬더니 백성들도 갓끈을 짧게 매게 되었다.

추나라 왕의 솔선수범을 잘 보여주는 이야기이다. 갓끈이 비싸지면 물가가 오르고, 그러면 백성들이 경제적으로 어려움을 겪게 되므로 나라의 지도자인 자신이 먼저 갓끈을 짧게 맴으로써 갓끈 가격을 낮추는 데 일조한 것이다.

왕 본인은 여전히 갓끈을 길게 매면서 백성들에겐 갓끈을 길게 매는 것을 금할 수도 있었는데 그렇게 하지 않았다. 왕이 명령만 내리고 자신은 그 명령과 어긋난 행동을 한다면 백성들이 그 왕을 따르지 않을 것이기 때문이다.

《한비자》의 다음 이야기도 리더의 솔선수범에 관해 말하고 있다.

위나라 소왕은 친히 정사에 관여하기로 마음먹고 그 뜻을 맹상군에게 상의했다. 맹상군이 말했다.
"왕께서 그런 생각이라면 먼저 법전을 익히도록 하십시오."
그리하여 소왕은 법전을 읽기 시작했다. 그러나 열 장 정도 읽고는 그만 지쳐 잠이 들고 말았다.
잠에서 깨어난 소왕은 "과인은 끈기가 없어 법전을 다 읽지 못했다."라고 말하며 법전을 팽개치고 말았다.

소왕은 백성들을 잘 다스리기 위해 법전을 공부하기로 마음먹었지만 몇 장 읽기도 전에 포기하고 말았다. 리더가 솔선수범하는 것이 쉽지 않다는 이야기이다.

삶으로 모범을 보이는 최고 권력자가 흔치 않다. 권력자가 잘하면 백성도 잘하고, 권력자가 잘못하면 백성도 잘못한다. 그러므로 최고 권력자일수록 처신을 똑바로 해야 한다.

한비는 공자의 말을 빌려 솔선수범에 관해 이렇게 마무리한다. "군주는 사발과 같고 백성은 물과 같아 사발이 네모지면 물도 네모지게 되고, 사발이 둥글면 물도 둥글게 된다."

✡

훌륭한 리더를 꿈꾸는 당신에게
"당신이 전하고자 하는 메시지를 삶을 통해 전달하라."

솔선수범은
어떻게 만들어지는가?

한 제자가 랍비에게 신성한 것에 관해 질문했다.

"신성하다는 것이 무엇인가요?"

"그것은 무엇을 먹느냐 하는 것과 부부관계를 어떻게 하느냐에 관한 것이지.”

“돼지고기를 먹지 않는다든가, 부부관계를 절제하는 것이 신성하다는 뜻인가요?”

“남들이 보지 않는 집에서 하는 일에 따라 짐승이 될 수도, 천사가 될 수도 있다는 뜻일세. 혼자 식사할 때 무엇을 어떻게 먹는지 다른 사람들로서는 알 수가 없지. 부부관계도 마찬가지야. 아무도 보지 않을 때도 남들이 볼 때처럼 절제할 줄 아는 사람이 진정 신성한 사람인 것이지.”

집에서 하는 행위가 그 사람의 진짜 본모습이라는 이야기이다. 밖에서야 얼마든지 성스러운 척, 경건한 척할 수 있지만 그 모습은 가식일 수 있다. 《탈무드》는 남들이 보지 않는 집에서 무엇을 먹느냐, 부부간 잠자리를 어떻게 하느냐가 그 사람의 본모습이라고 한다.

신성함과 솔선수범은 혼자 있을 때부터 훈련할 필요가 있다는 이야기이기도 하다. 아무도 보는 사람이 없다고 해서 함부로 행동하다간 그것이 습관이 되기 때문이다. 유대인들은 자신을 지켜보는 사람이 없어도 늘 하나님의 시선을 의식하면서 신성함과 솔선수범의 삶을 살아가려고 한다.

누군가 보는 앞에서는 그럴듯하게 행동할 수 있다. 그러나 진짜 삶의 태도는 아무도 보지 않을 때 하는 행동이 말해준다. 아무도 보는 사람이 없을 때 하는 행실이 습관이 되어 삶으로 나타나는 법이다.

아이는 부모의 말씨를 흉내 낸다. 아이의 말투만으로 그 부모의 성품을 짐작할 수 있다. 가정에서 행해지는 부도덕한 행위는 과일에 벌레가 들어간 것처럼 모르는 사이에 가족들 사이로 퍼져 나간다. 향수 가게에 들어갔다 나오면 설령 향수를 사지 않았다 해도 향기가 풍기는 것과 같다.

자녀의 말을 들어보면 부모의 성품과 가정의 모습을 알 수 있다는 이야기이다. 향수가 몸에 배는 것을 막을 수 없듯이 가정 교육의 결과 또한 감출 수 없다.

교육은 말로 하는 게 아니라, 삶으로 보여주는 것이다. "내 삶에서는 어떤 향기가 풍기는가?" "내 삶은 남들에게 어떤 영향을 주고 있는가?" 이런 문제를 의식하며 살아갈 필요가 있다. 사람은 자신의 가치관대로 살기 마련이고, 그의 삶이 곧 그의 메시지이기 때문이다.

향기 나는 삶을 살고 싶은 당신에게
"바람직한 가치를 품고 살도록 힘쓰라."

유대인의 성공 태도 3.
감사

무엇이든
감사하는 습관

만약 한쪽 다리가 부러지면 두 다리 모두 부러지지 않은 것에 감사하라. 만약 두 다리가 모두 부러지면 목이 부러지지 않은 것에 감사하라. 목이 부러질 것에 대해서는 걱정할 필요가 없다. 만약 목이 부러지면 그때는 걱정할 수도 없을 테니까.

《탈무드》는 어떤 상황에서든 감사할 것이 있고 늘 감사하라고 가르친다. 이미 벌어진 일이라면, 걱정하지 말고 감사하라는 뜻이다.

엎질러진 물이 불평한다고 달라질 리 없다. 부러진 다리를 볼 것이 아니라, 부러지지 않은 목을 보면서 감사하고, 많이 다치지 않고 한쪽 다리만 부러진 것을 보면서 감사하라고 한다. 걱정할 수 없는 상태인 죽음의 순간까지 감사하라고 한다.

유대인은 십자군 전쟁, 홀로코스트 등의 피해자로, 수천 년에 걸쳐 엄청난 종교적 핍박과 민족적 차별을 겪었다. 도저히 감사할 게 없을 것 같은 그들이지만,《탈무드》의 가르침처럼 그들은 늘 감사했고 희망을 잃지 않았다. 유대인이 지금처럼 놀라운 성공을 이뤄낸 비결이 그것이었다.

《탈무드》는 다음과 같이 이야기한다.

> 고난이 찾아왔을 때 "이것은 나쁘다."라고 말해서는 안 된다. 왜냐하면 하나님께서 하시는 일 가운데는 나쁜 것이 없기 때문이다. 대신 "이것은 쓰다."라고 말하라. 왜냐하면 가장 좋은 약 가운데는 쓴 약도 있기 때문이다.

유대인이 어떤 상황에서도 감사할 수 있는 것은《탈무드》의 이 가르침처럼 고난도 하나님이 주신 것으로 해석하기 때문이다. 하나님은 절대 나쁜 것을 주지 않는다는 굳건한 믿음이 유대인에게는 있다. 하나님이 주셨다면 고난도 나쁜 게 아니다. 그저 병을 고치기 위해 주신 쓴 약에 불과하다. 그런 믿음이 있기 때문에, 유대인은 어떤 상황에서도 감사하게 된다.

삶은 해석이고 감사는 삶을 해석하는 척도이다. 삶에 일어나는 일들을 어떻게 해석하고 어떤 선택을 하느냐에 따라 행복과 불행이 결정된다.

세상에는 크게 두 부류의 사람이 있다. 한 부류는 '삶을 긍정적으로 보고 감사하는 사람들'이고, 다른 부류는 '늘 부정적으로 생각하며 감사할 일이 없어서 감사하지 못한다고 여기는 사람들'이다. 같은 상황을 보고도 자신의 해석에 따라 완전히 다른 결과를 얻는다. 풍요롭고 행복하게 살지, 자책하고 원망하며 살지는 자신의 선택에 따라 결정된다.

우리에게 일어나는 일 중에 90%는 자기 힘으로 바꿀 수 없는 것이라고 한다. 고작 10% 정도를 자기 힘으로 바꿀 수 있다. 이 10%에 대해 어떻게 해석하고 반응하느냐에 따라 인생의 성패가 좌우된다는 것을 기억하자.

✡

불평이 많고 희망이 보이지 않는 당신에게
"감사할 수 없는 일도 감사해보라."

만델라 대통령을 있게 한
감사와 용서

태초의 사람들은 빵 한 덩이를 얻기 위해 얼마나 많은 일을 했던가! 밭을 갈고, 씨앗을 뿌리고, 가꾸고, 수확하고, 빻아서 가루로 만들고, 반죽하고, 굽고……. 적어도 15단계의 과정을 거쳐야만 빵을 먹을 수 있었다.

그러나 지금은 돈만 내면 빵집에서 빵을 사 먹을 수 있다. 옛날에 한 사람이 했던 15단계의 일을 여러 사람이 나누어 해주고 있어서 그렇다. 그러므로 빵을 먹을 때 많은 사람에게 감사하는 마음을 잊어서는 안 된다.

태초의 사람들은 자기 몸에 걸칠 옷 하나를 만들기 위해 얼마나 많은 수고를 했던가! 들에 가서 양을 잡고, 키우고, 털을 깎고, 그 털로 실을 만들고, 옷감을 짜고, 그것을 다시 꿰매어 입기까지 상당한 노동을 해야 했다.

그러나 지금은 돈만 내면 양복점에서 마음에 드는 옷을 살 수 있다. 옛날에 한 사람이 했던 많은 과정을 여러 사람이 나누어 해주고 있어서 그렇다. 그러므로 옷을 입을 때 많은 사람에게 감사하는 마음을 잊어서는 안 된다.

《탈무드》는 빵집에 가서 빵을 사 먹고, 옷집에 가서 옷을 사 입는 것에 감사하라고 한다. 세상에 당연한 건 하나도 없다. 주위를 둘러보면 우리가 편하게 누리는 모든 것, 공기, 물, 해, 바람 그 무엇도 온통 감사한 것뿐이다.

> 나는 내가 숨 쉬는 공기를 만들지 않았고 나를 따뜻하게 해 주는 태양을 만들지도 않았다. (중략) 쟁기질을 하고 심고 거두는 데 필요한 힘의 원천인 내 손과 머리의 근육 또한 내가 만든 것이 아니다. (중략) 나는 알고 있다. 내가 스스로 만들어진 존재가 아니라는 것을.
>
> *****
>
> 사랑과 연민으로 제 영혼을 제게 돌려주신 데 대해 살아 숨 쉬는 영원한 왕이신 주님께 감사드립니다. 주님은 저희가 헤아릴 수 없을 정도로 큰 신의를 갖고 계신 분입니다.
>
> — 《죽기 전에 한 번은 유대인을 만나라》 조셉 텔루슈킨 저 김무겸 역 북스넛

살아 숨 쉬는 것만으로도 감사할 이유는 충분하다. 살아 있어서 행복한 이유를 찾다 보면 감사한 일이 얼마나 많은지 모를 것이다.

남아프리카 공화국 대통령을 지낸 넬슨 만델라는 46세 때 종신형을 선고받고 무려 27년 동안이나 감옥에서 살았다. 인생의 3분의

1을 감옥에서 보낸 셈이다. 그가 출소할 때가 되자 사람들은 그의 건강 상태를 걱정했다.

그러나 사람들의 염려는 기우에 불과했다. 70세가 넘은 나이에도 만델라는 씩씩하고 건강한 모습으로 감옥에서 걸어 나왔다. 깜짝 놀란 기자가 물었다. "5년만 감옥살이를 해도 건강을 잃는데, 어떻게 27년이나 감옥살이를 하고서도 이렇게 건강할 수 있습니까?"

만델라는 우렁찬 목소리로 대답했다.

> "저는 감옥에서 늘 감사를 드렸습니다. 하늘을 보고 감사하고, 땅을 보고 감사하고, 물을 마시면서도 감사하고, 음식을 먹을 때도 감사하고, 강제 노동을 할 때도 감사를 빠트리지 않았습니다. 제가 건강을 지킬 수 있었던 비결은 감사였지요. 제게 옥살이는 저주가 아니라 발전을 위한 귀중한 시간이었습니다."

만델라 전 대통령은 27년간 억울하게 감옥에 갇혔어도 건강을 유지할 수 있었던 비결을 감사라고 했다. 분노와 미움으로 그 세월을 보냈을 법도 한데 그는 오히려 감사를 선택했다. 덕분에 건강한 몸과 정신을 유지할 수 있었던 만델라는 출소 후 노벨평화상을 받았고 남아공 최초 흑인 대통령에 당선되었다.

만델라는 자신을 억울하게 감옥에 가둔 사람들을 용서하는 한편, 흑백 간의 인종차별을 철폐시키는 작업에 착수했다. 비록 비참한 감옥생활이었지만 감사를 선택한 결과, 그는 전 세계인의 존경을 받는 사람이 되었다.

✡

지금까지와는 다르게 살고 싶은 당신에게
"살아 있음에 감사할 이유를 찾아보라."

감사로 인생을 바꾼
장애인 화가

깊은 산중에서 은둔 생활을 하던 뛰어난 학자가 있었다. 그는 고결한 행실과 두터운 자애심으로 만인의 존경을 받았다. 걸을 때 개미 한 마리도 밟지 않도록 늘 세심하게 주의를 기울였다. 자연의 그 어떤 생물에도 피해를 주지 않으려고 조심 또 조심했다. 그는 제자들에게도 깊이 존경받는 스승이었다. 80세가 넘어 그의 몸은 점점 쇠약해졌다. 그는 자신에게 죽음이 가까웠음을 알았다. 죽음을 앞둔 그 학자에게 제자들이 찾아왔는데, 그가 별안간 울기 시작했다. 제자들은 깜짝 놀라며 물었다.

"선생님 왜 우십니까? 선생님께서는 공부하시지 않거나, 제자들을 가르치시지 않은 날이 단 하루도 없었습니다. 늘 자선을 베푸셨고, 이 나라에서 가장 많은 존경을 받고 계십니다. 더구나 정치 같은 더러운 세계에는 단 한 번도 발을 들여놓으신 적이 없으십니다. 선생님께서는 우실 이유가 없는 것 같은데 어찌하여 슬피 우시는지요?"

"그래서 나는 울고 있다네. 나는 죽는 순간 나 자신에게 '그대는 공부를 했는가?' '그대는 자비를 베풀었는가?' '그대는 옳은 행실을 했는가?' 하고 묻는다면, 나는 전부 '그렇다'라고 대답할 수 있네. 하지만 '그대는 사람들의 보통의 삶에 참여했는가?' 하고 묻는다면 나는 '아니오'라고 대답할 수밖에 없네. 그래서 울고 있는 것이라네."

이 학자는 생의 마지막 순간에 이르러 감사 대신 불평을 늘어놓고 있다. 자신이 가진 것을 보지 못하고 가지지 못한 것만 보고 있기에 그렇다. 그는 남들이 보았을 때 고결한 인생을 살았고 학문에서도 높은 성취를 이루었으며 만인의 존경을 받았지만, 정작 본인은 죽음을 앞둔 순간에 그런 것들이 하나도 눈에 들어오지 않았다. 자기가 살아온 생애에 대해 감사하기는커녕, 평범한 삶을 살지 못한 것이 못내 아쉽기만 하다.

유대인들은 현재가 너무 만족스러워서가 아니라, 좋은 날이 반드시 올 거라는 굳은 믿음 때문에 감사하며 살았다. 폭풍은 언젠가 그치고 밝은 태양이 뜰 것이기 때문이다. 그리스의 법률가였던 라이피곱스는 이렇게 말했다. "감사할 줄 모르는 자를 벌하는 법은 없다. 감사할 줄 모르는 삶 자체가 벌이기 때문이다."

구족화가 중에 조니 에릭슨 타다라는 분이 있다. 그녀는 17세 때 다이빙을 하다가 목이 부러져 어깨 아래가 마비되는 불의의 사고를 당했다. 사고 이후 그녀의 몸은 나무토막처럼 뻣뻣하게 굳었다. 평소 테니스와 수영, 승마를 좋아하던 꿈 많은 소녀가 감당하기에는 너무나 큰 시련이었다.

그녀 혼자서는 숟가락 하나도 들 수 없었고 약도 먹을 수 없었다. 아무리 해도 달라지지 않는 자신의 몸을 보며 그녀는 분노와 우울증, 자살 충동에 시달렸다. 그러나 혼자서는 자살조차 할 수 없었다.

아무것도 할 수 없다고 느낄 때 그녀는 "범사에 감사하라."라는 성경 구절을 접했다. 그 구절이 그녀의 마음을 사로잡았고 감사한 마음으로 세상을 바라보기 시작했다. 그러자 삶이 새롭게 보였고 다시 일어서야겠다는 마음이 들기 시작했다.

그때부터 그녀는 자신이 할 수 있는 운동부터 하기 시작했다. 장애가 있는 자기 몸을 사랑하려고 노력했다. 그러자 서서히 삶에 대한 의욕이 불타올랐다. 그림을 그리고 글을 썼다.

결국 그녀는 40여 권의 책을 쓴 작가로, 세계적인 화가로 거듭났다. 그 모습을 지켜본 한 동료가 그녀에게 물었다.

"당신은 어떻게 그 어려운 상황에서 감사를 잃지 않고 살 수 있었나요?"

"모든 일에 감사하려고 오랫동안 저 자신을 훈련해왔을 뿐이에요. 그게 저의 반사작용이 된 거죠."

그녀는 감사할 만한 조건이 아닌 가운데서도 의도적으로 감사의 조건들을 찾았고, 그러자 감사하며 하루하루를 살 수 있게 되었다. 《탈무드》는 감사의 가치를 다음과 같이 평가한다.

> 세상에서 가장 강한 사람은 자기를 이기는 자이고, 가장 부유한 사람은 만족할 줄 아는 자이며, 가장 지혜로운 사람은 배우는 자이고, 가장 행복한 사람은 감사하며 사는 자이다.

아무것도 할 수 없다고 느끼는 당신에게
"우선 감사하는 마음부터 가져보라."

2부

유대인의 교육

5장

교육에
혼신의 힘을 쏟다

교육에도
때가 있다

남자의 일생은 다음 일곱 단계로 나뉜다.

- 1세: 제왕. 모든 사람이 임금님을 받들 듯이 달래며 기분을 맞춰준다.
- 2세: 돼지. 진흙탕 속을 마구 뛰어다닌다.
- 10세: 새끼 양. 웃고 떠들고 뛰어다닌다.
- 18세: 말. 다 자라서 힘을 뽐내고 싶어 한다.
- 결혼 후: 당나귀. 가정이라는 무거운 짐을 지고 끙끙거리며

걸어간다.

- 중년: 개. 가족을 부양하기 위해 사람들의 호의를 구걸한다.
- 노년: 원숭이. 하는 행동이 어린애처럼 유치하지만 아무도 관심을 기울여주지 않는다.

《탈무드》의 이 글은 짐승을 빗대어 사람의 일생을 설명하고 있다. 세상 모든 것에는 때에 맞는 역할이 있다는 뜻으로 해석할 수 있다. 갓난아기를 왕처럼 떠받드는 것이 당연하듯 노인이 유치하게 행동하는 것도 이상한 일이 아니다. 각자의 나이에 맞게 해야 할 일이 있다.

날 때가 있으면 죽을 때가 있고, 씨앗을 뿌릴 때가 있으면 수확할 때가 있고, 만날 때가 있으면 떠날 때도 있다. 교육도 시기에 따라 필요한 내용이 달라진다.

자녀 교육은
임신 전부터 시작된다

유대인들은 시기에 따라 필요한 교육에 혼신의 힘을 기울인다. 아이를 가지기 전부터 육체를 정결하게 하고, 건강한 생각을 하며, 생명을 잉태할 준비를 한다. 임신했을 때는 태중의 아이에게 책을 읽어주고 태아와 정겨운 대화를 나눈다. 태교에 많은 신경을 쓴다. 아이가 태어나면 잠들기 전 15분간 책을 읽어주며 베갯머리 교육을 한다. 뇌는 잠자기 직전의 이야기를 잘 기억하기 때문이다.

아이를 목욕시킬 때는 평생 살아갈 힘이 되어줄 기도를 해준다. 얼굴을 씻어주면서는, "주님, 이 아이의 얼굴이 하늘을 바라보며 하늘의 소망을 가지고 자라게 하소서."라고 기도한다.

입을 씻어주면서는, "주님, 이 아이의 입에서 나오는 모든 말이 축복의 말이 되게 하소서."라고 기도한다.

손을 닦아주면서는, "주님, 이 아이의 손은 기도하는 손이요, 사람을 칭찬하는 손이 되게 하소서."라고 기도한다.

발을 씻어주면서는, "주님, 이 아이의 손과 발을 통해 온 민족이 먹고살게 하소서."라고 기도한다.

머리를 감기면서는, "주님, 이 아이의 머릿속에 지혜와 지식이 가득 차게 하소서."라고 기도한다.

가슴을 씻어주면서는, "주님, 이 아이의 가슴에 나라와 민족을 사랑하는 마음을 주소서. 오대양 육대주를 품고 살게 하소서."라고 기도한다.

배를 씻어주면서는, "주님, 이 아이의 오장육부를 건강하고 튼튼하게 자라게 하소서."라고 기도한다.

성기를 씻어주면서는, "주님, 이 아이가 자라나 결혼하는 날까지 순결을 지키며 주님이 원하시는 가정을 이루고 축복의 자녀를 준비하게 하소서."라고 기도한다.

엉덩이를 씻어주면서는, "주님, 이 아이가 교만하지 않고 겸손한 자리에 앉게 하소서."라고 기도한다.

등을 씻어주면서는, "이 아이가 부모를 의지하지 않고 보이지 않는 주님만을 의지하게 하소서."라고 기도한다.

– 《유대인 창의성의 비밀》 홍익희 저 행성B잎새

유대인은 특히 밥상머리 교육을 중요시 생각해서 함께 음식을 먹을 때 축복의 이야기를 한다. 성인식을 할 때까지 《탈무드》를 통해 하브루타 토론을 하면서 신앙과 윤리를 배운다. 자식 잘되기를 바라는 부모 마음을 시기에 맞는 가정 교육에 듬뿍 녹여낸다.

✡

자녀가 잘되길 바라는 당신에게
"자녀에게 각 시기에 필요한 교육을 제공하라."

자식 잘되는 게
가장 큰 축복

장기 여행 중이던 남자가 있었다. 사막을 지나다가 몹시 지치고 배고프고 목이 마르게 된 그는 천신만고 끝에 과실수 한 그루를 발견했다. 그는 그 나무 그늘에서 쉬며 굶주린 배를 과일로 채우고 시원한 물로 갈증을 달랜 뒤 잠시나마 휴식을 취했다. 그는 여행을 계속하기 위해 다시 길을 떠나야 했다. 나무에게 감사한 마음을 담아 작별 인사를 고했다.

"나무야, 정말 고맙다. 나는 고마운 인사를 어떻게 해야 할지 모르겠구나. 네 과일이 더 맛있어지기를 빌고 싶지만 이미 충분히 맛있고, 상쾌한 나무 그늘을 가지게 되길 빌고 싶지만, 네 그늘은 이미 충분히 시원하고, 네가 무럭무럭 자라도록 충분한 물이 있기를 빌고 싶지만, 이미 물도 충분히 있구나. 그러니 내가 너를 위해 할 수 있는 것은 오직 네가 더 많은 열매를 맺어 그 열매가 많은 나무가 되고 너와 똑같이 아름답고 훌륭한 나무들이 자라도록 비는 것밖에는 없구나."

작별하는 사람에게 무언가를 빌어주고 싶을 때가 있다. 그 사람이 더 현명해지기를 빌어주고 싶어도 그는 이미 충분히 현명하고, 부자가 되기를 빌어주고 싶어도 이미 충분히 부유하

며, 남들로부터 환영받는 선량한 사람이 되기를 빌어주고 싶
어도 이미 충분히 선량한 사람일 때, 어떤 작별 인사를 하는
것이 좋은가?

그런 사람에게는 "부디 당신의 아이들이 당신과 같이 훌륭한
사람이 되기를 간절히 빕니다."가 가장 좋은 작별 인사다.

다른 부족함이 없는 사람에게 최고의 축복은 자식이 잘되는 것이
라고 《탈무드》는 말한다. 자식이 잘되길 바라는 마음은 어느 부모나
마찬가지이지만, 유대인은 특히 자녀 교육에 심혈을 기울이는 민족
이다. 한국의 교육열이 높기로 유명하지만, 교육의 질이나 창조력 면
에서는 유대인을 따라잡을 수 없다. 어릴 때부터 습관화된 토론 문
화와 때에 맞는 자녀 교육에 그 해법이 있다.

흔히 자녀 교육을 농사에 비유하는데, 때에 맞춰 필요한 것을 적
절히 제공해야 한다는 점에서 그렇다. 농사는 파종할 시기를 잘 맞
춰야 한다. 파종에 성공한 뒤에는 때에 맞게 거름을 주고 농약을 치
며 가꾸어야 한다. 잡초도 주기적으로 제거해줘야 한다. 씨앗만 뿌
리고 거들떠보지 않으면 작물이 잘 자랄 수 없다. 시기에 따라 제대
로 된 보살핌을 제공해야 풍성한 열매를 맺는다.

자식 농사도 마찬가지로 각 시기에 꼭 필요한 것을 준비해서 교육
해야 잘 성장할 수 있다. 부모는 자식 농사가 잘되면 그것으로 만족

한다. 자신의 꿈을 이루고 마음껏 누리고 살아도 자식 농사에 실패하면 결코 행복하지 않다. 그래서 자식 교육이라면 아낌없이 쏟아붓는 것이다.

농사가 그렇듯이 자식 농사도 어떻게 준비하느냐가 중요하다. 준비에 관한 다음 이야기를 들어보자.

> 왕이 하인들을 만찬회에 초대했다. 그러나 만찬회가 언제 열리는지는 알려주지 않았다. 현명한 하인은 "임금님의 일이니까 만찬회는 아무 때라도 열 수 있을 거야. 언제 열릴지 모르니 만반의 준비를 해야지."라고 생각하고는 궁궐 문 앞에 가서 기다리고 있었다. 그러나 어리석은 하인은 "만찬회를 준비하려면 시간이 걸릴 거야. 그러니 조금 놀다가 천천히 가도 되겠지."라고 생각하고는 아무런 준비도 하지 않았다. 만찬회가 열리자 현명한 하인은 곧 참석해 맛있는 음식을 먹었지만, 어리석은 하인은 만찬회에 참석조차 하지 못했다.

무슨 일이든 준비를 철저히 해두어야 한다는 이야기다. 언제 기회가 올지 모르기 때문이다. 평소 준비되어 있지 않으면 기회가 와도 그 기회를 잡을 수 없다.

그리스 신화에 카이로스라는 기회의 신이 나온다. 카이로스의 이

마 위로는 곱슬머리가 무성한 반면, 뒤통수는 대머리이다. 양다리에는 날개가 달려 있고 한 손에는 저울을, 다른 손에는 칼을 들고 있다. 카이로스의 앞머리가 무성한 곱슬머리인 이유는 사람들이 자신을 쉽게 붙잡을 수 있도록 하기 위함이란다. 뒷머리가 대머리인 이유는 한번 지나가면 다시 붙잡지 못하게 하기 위해서란다.

카이로스의 어깨와 양발에 날개가 달린 이유는 최대한 빨리 날아가기 위함이고, 손에 칼과 저울을 들고 있는 것은 자신을 만났을 때 신중한 판단과 신속한 의사결정을 하라는 의미이다. 한마디로 기회를 잡으려면 뒷북치지 않게 신속하게 움직이라는 말이다. 준비 없이 넋 놓고 있다가는 대머리만 만지작거리게 될 것이다.

성공학의 대가 데일 카네기는 다음과 같이 이야기한다.

> "때를 놓치지 말라."는 사람에게 주어진 영원한 교훈이다. 사람들이 이 말을 대수롭지 않게 여기기 때문에 좋은 기회가 와도 잡을 줄 모르는 것이다. 그러고는 기회가 오지 않는다고 불평만 한다.

때를 놓치지 말라는 말은 평범하지만 진리이다. 이 말을 소홀히 여기면서 기회가 오지 않는다고 불평하지 말라고 데일 카네기는 일깨워 주고 있다.

《탈무드》는 다음 글에서 세상 모든 일에 때가 있지만 자녀 교육은 더욱 그렇다고 이야기한다.

다섯 살 아이에게 실수를 깨닫게 하고 그것을 고치는 데는 3주일이 걸리지만, 열두 살 아이를 바로잡기 위해서는 1년이 걸린다. 부모가 생각하는 때보다 아이는 3년 빨리 어른이 된다. 자신이 어른이 되었다고 생각하는 때보다 2년 뒤에 어른이 된다. 하루를 공부하지 않으면 그것을 만회하는 데 이틀이 걸리고, 이틀을 공부하지 않으면 그것을 만회하는 데 나흘이 걸린다. 1년을 공부하지 않으면 그것을 만회하는 데 2년이 걸린다.

자녀가 성공하길 바라는 당신에게
"훈계하고 가르치는 타이밍을 놓치지 말라."

지극한 자식 사랑
헌신

한 남자가 다음과 같은 유서를 썼다.

"내 재산 전부를 아들에게 준다. 그러나 아들이 진짜 바보가 되기 전에는 유산을 상속해서는 안 된다."

한 랍비가 유서의 내용을 의아해하며 물었다.

"당신은 납득할 수 없는 유서를 썼군요. 당신의 아들이 진짜 바보가 되기 전에 재산을 물려줄 수 없다니, 대체 무슨 소리인가요?"

그러자 남자는 갈대 하나를 입에 물고 괴상한 울음소리를 내면서 마루 위를 엉금엉금 기기 시작했다. 이 기이한 행동이 암시하는 것은 자기 아들이 자식을 낳고 그 자식을 너무나 사랑한 나머지, 이처럼 바보 같은 행동을 하면서까지 자식을 웃게 만든다는 뜻이다. 남자는 자기 아들이 바보처럼 자식을 사랑하게 되어야 자신의 전 재산을 물려주겠다는 뜻으로 유서를 쓴 것이었다.

부모는 자식을 위해서라면 체면도 버리고 바보짓도 마다하지 않는다. 심지어 자식을 위해 자기 자신도 희생할 수 있다.

자녀를 위해 바보가 되라는 《탈무드》의 가르침이다. 자녀를 사랑하되 몸 바쳐, 헌신적으로 사랑하라는 뜻이다.

유대인의 헌신적인 자녀 사랑은 높은 교육열로 나타난다. 맹목적이고 세속적인 교육열이 아니라 유대교 신앙에 뿌리를 내린 체계적인 교육열이라는 점에서 한국의 그것과는 차이가 있다. 다음 이야기는 유대인의 교육 철학이 어디에서 나왔는지를 잘 말해주고 있다.

유대 민족은 하나님께 십계명을 받기 위해, 그들의 위대한 조상인 아브라함과 이삭과 야곱의 이름을 걸며 반드시 지키겠다고 맹세했다고 한다. 그러나 하나님은 그 맹세를 믿지 않았다. 그러자 유대 민족은 그들이 앞으로 벌어들일 모든 부를 걸고 맹세했다. 그래도 하나님은 믿지 않았다. 그러자 모든 유대인 철학자의 이름을 걸고 맹세했다.

그래도 하나님이 믿어주지 않자, 유대인은 자신의 자식들에게 반드시 십계명을 전해주겠다며 자녀를 걸고 맹세했다. 그러자 비로소 하나님은 그들의 맹세를 믿고 십계명을 허락했다고 한다.

탈무드와 하브루타가
교육의 근간

　　유대 민족과 우리 한민족은 무에서 유를 창조했다는 점에서 비슷한 역사를 지닌다. 우리나라는 1910~1945년까지 35년간 일제강점기라는 혹독한 시련을 겪었다. 해방 후 불과 5년만인 1950년에는 한국전쟁이 벌어져 남북이 분단되는 아픔을 겪었다. 국토는 온통 잿더미가 되었고 대한민국은 세계 최빈국으로 전락했다. 그러나 그런 비참한 상황에서 불과 60년 만에 세계적인 경제 대국으로 성장했다.

　　유대인은 우리보다 더 혹독한 역사를 지녔다. 4천 년 동안 이민족의 침략에 시달리지 않은 적이 없었고 2천 5백 년 동안은 나라 없이 세계에 흩어져 살았다. 그런데도 1948년, 유대인은 고향 이스라엘에 새로운 나라를 건설하고 비약적인 발전을 거듭했다. 890만여 명에 불과한 이스라엘이 중동을 쥐락펴락하고 있고, 세계에 흩어져 있는 인구를 다 합쳐도 고작 1천 6백만여 명에 불과한 유대인이 세계 경제를 선두에서 이끌고 있다고 해도 과언이 아니다. 그 핵심 비결은 교육에 있다.

　　유대인의 자녀 교육은《탈무드》의 가르침대로 태아 때부터 시작된다. 유대인의 토론식 교육법을 '하브루타'라고 하는데 그 교육적 효과는 세계적으로 인정받고 있다. 그들은 하브루타를 통해 친구든,

부모든, 선생님이든 나이, 성별, 계층과 상관없이 두 명이 짝을 지어 토론하고 논쟁을 하며 최선의 답을 찾으려고 한다.

하브루타는 원래 유대인이 《탈무드》를 공부할 때 사용한 방법이었지만, 이스라엘의 모든 교육에 하브루타 방식이 적용된다. 하브루타의 근간에는 신의 명령을 대대손손 후손에게 가르치겠다는 유대 민족의 뜻이 담겨 있다. 신의 계명을 절대 잊지 않겠다는 다짐이자 약속이 하브루타로 나타난 셈이다. 즉 유대인의 교육 철학은 신앙심이 만들었고 그 교육의 힘이 오늘날의 유대인을 있게 했다.

✡

무에서 유를 이루고 싶은 당신에게
"유대인의 방식으로 평생 공부하라."

공부는
수단이 아닌 목적

기도 시간은 짧게 하고 배우는 시간은 길게 잡으라.

한국인과 유대인은 교육에 대한 높은 열정은 비슷하지만, 좀 더 자세히 들여다보면 내용은 좀 다르다. 우리나라의 교육은 대부분 대학입시와 취업에 집중되어 있는 반면, 유대인의 교육은 공부 자체가 목적이라는 점에서 큰 차이를 보인다.

우리나라 사람들은 대학 입학과 동시에 대부분 공부를 멈추지만, 유대인의 교육은 평생 계속된다. 우리나라 교육은 암기 위주의 공부가 대부분인 반면, 유대인의 교육은 창의성 계발을 주안점으로 한다.

한국의 많은 부모가 자녀를 명문대에 보내려고 투자를 아끼지 않는다. 학생들은 새벽부터 늦은 밤까지 학교와 학원, 독서실을 부지런히 드나든다. 그 이유는 명문대 졸업장이 높은 사회적 지위와 안정적인 직업을 보장해줄 것으로 생각하기 때문이다.

그러나 유대인의 자녀 교육은 특별한 뭔가를 얻고 특별한 지위에 오르기 위해 이루어지는 것이 아니다. 그들은 공부를 평생의 의무로 여긴다. 그들이 세계 각지에 흩어져 살면서도 정체성을 잃지 않고 힘을 축적할 수 있었던 것은 공부를 쉬지 않았기 때문이다.

유대인에게 교육이란 인간답게 살기 위해 평생을 준비하는 과정이자, 삶이 다하는 날까지 계속해야 할 의무다. 유대인이 공부 자체를 인생의 목적으로 삼게 된 원인 중 하나는 《탈무드》 공부법에 있다. 《탈무드》는 한 가지 정답을 정해놓지 않고 열린 답을 추구하는 책이다. 《탈무드》의 첫 장과 마지막 쪽이 공란으로 비어 있는 것도 그런 이유에서다.

《탈무드》의 첫 장이 공란인 것은 "우리는 항상 중간(과정)에 있으며 《탈무드》를 공부하는 데는 따로 시작이 없다."라는 메시지를 전하고자 함이다. 누구나 현재 삶의 위치에서 공부를 시작할 수 있다는 이야기이다. 마지막 장이 공란인 것은 "당신의 삶에서 얻은 지식과 경험으로 계속 채워가라."라는 의미다. 이는 스스로 문제 해결에 이르는 길을 터득하는 공부 방법이기도 하다.

아무리 뛰어난 지혜가 있어도 그것을 현실에 적용해 문제를 해결하는 것은 다른 문제다. 문제를 새로운 관점으로 바라보고 이해할 수 있어야 한다. 유대인의 《탈무드》 공부 방법은 바로 그런 것이다. 이들은 어렸을 때 부모와 친구, 선생님들과 함께 하루 두세 장 정도 《탈무드》를 공부하고 나이가 들면 7년마다 한 번씩 일독한다. 이렇게 죽을 때까지 공부한다.

유대인은 매일 의무적으로 기도한다. 그러나 아무리 기도가 중요해도 공부만큼은 아니다. 유대인 회당에는 하브루타를 할 수 있는 공간이 따로 마련돼 있어서, 기도가 끝나면 짝을 지어 토론하고 논쟁한다. 그것이 곧 그들의 공부이다. 유대인은 《탈무드》를 공부하며 기도하는 종교가 아니라 배우는 종교를 가지게 된다.

공자의 제자 자로는 성질이 거칠고 용맹하기로 유명했다. 활달한 성격에 힘은 장사였다. 그는 특히 무예에 재능이 있었는데 수탉의 꼬리로 관을 만들어 쓰고 수퇘지의 가죽으로 주머니를 만들어 다닐 정도였다.

자로는 공자에 대한 감정이 좋지 않았다. 공자는 제멋대로인 자로를 깨우치기 위해 그가 좋아하는 것으로 접근했다. 자로는 배움보다 무예를 중요하게 여겼다. 그런 자로를 향해 공자는 배움의 중요성을 가르치고자 다음과 같이 대화를 시도했다.

"그대는 무엇을 좋아하는가?"

"긴 칼을 좋아합니다."

"배움은 어떻게 생각하는가?"

"배움은 유약한 자들이 하는 것 아닙니까?"

"임금은 바른말을 하는 신하가 없으면 올바름을 잃게 되고, 배움이 없는 사람은 들을 귀가 없게 되네. 말은 채찍이, 활은 도지개(뒤틀린 활을 바로잡는 틀)가 필요하듯이 사람은 배움이 필요하지. 배워야 방자한 성격을 다스릴 수 있고, 성격을 바로잡고 갈고닦은 후에야 세상에 필요한 인재가 되는 것이라네."

"대나무는 아무도 가르쳐주지 않아도 곧게 자라서 화살의 재료가 됩니다. 대나무 화살은 무소의 가죽도 꿰뚫습니다. 그런데 골치만 아프게 무슨 소용이 있다고 공부를 합니까?"

"그 화살 역시 잘 다듬어 깃털을 꽂으면 더 힘차게 날아갈 것이고, 앞에 화살촉을 박으면 어찌 무소의 가죽만 뚫겠는가? 이것이 공부의 힘이라네."

이 마지막 말에 자로는 깨달은 바가 있어 공자의 제자가 되었다. 자신이 가진 무예에 공부를 더하면 무예의 일인자도 될 수 있다는 공자의 이야기에 자로가 드디어 공감한 것이었다.

단순히 공부가 싫어서가 아니라, 굳이 공부하지 않아도 자신의 힘으로 충분히 잘 살 수 있다고 생각해서 공부하지 않는 사람들이 있다. 그런 이들도 자신이 가진 자질에 배움을 더하면 훨씬 큰 힘이 생긴다. 더 다양한 것을 강력하게 꿰뚫어볼 수 있는 사고력과 능력이 생긴다.

한 치 앞도 장담할 수 없는 불확실성의 시대이다. 평생직장, 평생직업은 이제 존재하지 않는다. 최첨단 과학은 곧 사람의 고유 영역을 침범할 것이다. 평생 공부는 선택이 아니라 필수가 되었다.

어떤 위기와 고난에서도 흔들리지 않을 든든한 삶의 뿌리는 쉼 없는 공부에서 나온다. 공부가 곧 힘이 되고 능력이 될 것이다. 이를 믿고 평생 공부하는 사람이야말로 진정 현명한 사람이다.

굳이 공부가 필요하냐고 반문하는 당신에게
"공부를 더하면 당신의 자질은 더욱 빛을 발한다."

화목한 가정이
자녀 교육의 출발점

가정의 평화가
최우선이다

설교를 매우 잘하기로 유명한 랍비가 있었다. 매주 안식일이
면 몇백 명이 그의 설교를 들으러 왔다. 그중 한 번도 빠지지
않고 그의 설교를 들었던 여인이 있었다.

그날도 랍비는 장시간 설교를 했고 그 여인은 저녁 늦게서야
집으로 돌아갔다. 그런데 남편이 문을 잠그고 열어주지 않았
다. 남편이 집 안에서 큰 소리로 물었다.

"어디 갔다 오는 거야?"

"랍비님의 설교를 듣고 왔어요."

"그 랍비 얼굴에 침을 뱉고 오기 전까진 다신 집에 들어올 생각도 하지 마!"

남편에게 쫓겨난 여인은 하는 수 없이 친구 집으로 갔다. 그 소문을 들은 랍비는 자기의 설교가 너무 길어 한 가정의 평화를 깨트렸다고 여기며 깊이 자책했다. 하루는 랍비가 그 여인을 불러 자신의 눈이 몹시 아프다고 말했다.

"침을 바르면 낫는다는데, 당신이 내 눈에 침을 좀 발라주시오."

여인은 어쩔 수 없이 랍비의 눈에 침을 뱉었다. 여인이 돌아가자 랍비의 친구가 물었다.

"왜 그 여인이 자네 눈에 침을 뱉게 한 건가?"

랍비가 대답했다.

"가정의 평화를 유지하기 위해서는 그보다 더한 일이라도 해야 하는 걸세."

랍비는 여인에게 자신의 얼굴에 침을 뱉게 했다. 한 가정의 평화를 지킬 수만 있다면야 랍비는 그런 일쯤은 충분히 할 수 있다고 한다. 유대인에게 랍비는 부모보다도 더 위대한 존재이며 더 높은 권위를 인정받는다.

만약, 아버지와 교사가 해적에게 붙잡혀 노예시장에 팔려갔고 한 사람을 구할 돈밖에 없다면, 망설임 없이 교사를 구해야 한다고 유대인들은 가르친다. 교육에서 교사, 즉 랍비가 부모보다 영향력이 크다는 뜻이다. 그런데도 이 이야기에서처럼 《탈무드》는 랍비의 권위보다 가정을 더 중요시했다.

가정은 인생에서 배워야 할 것을 가장 먼저 가르치는 교육의 산실이다. 그래서 랍비는 그 어떤 공동체보다 가정을 중요시 여긴다. 랍비가 한 가정의 평화를 위해 자신의 얼굴에 침을 뱉게 하는 수모를 기꺼이 청한 것 또한 그래서다.

> 아이가 태어나면 두 사람의 파트너가 생긴다. 그것은 부모이다.
> 아이가 성장하면 세 번째 파트너가 추가된다. 그것은 교사이다.

《탈무드》의 교육관을 잘 말해주는 대목이다. 교육에 있어서 부모와 교사 어느 하나 소홀히 할 수 없는 소중한 존재라고 한다.

유대인은 자녀를 잘 양육하도록 하나님이 자신에게 맡긴 존재라고 여기고는, 자녀가 성인이 되는 13세까지 혼신의 힘을 다해 가르친다. 13세가 되면 부모는 비로소 교육의 의무에서 벗어난다. 아이에 대한 부모의 책임감과 중압감이 얼마나 컸던지, 부모는 자녀의 성인식 때 이렇게 외친다.

"저를 너무나 소중하고도 무거운 책임에서 벗어나게 해주신 주님께 감사드립니다."

유대인에게 가정은 교육의 출발점이며 민족의 정체성을 유지하는 모태이다.

유대인은 13세 전까지는 부모가 책임지고 자녀를 교육해야 하지만, 성인이 되면 신의 손에 온전히 맡겨진다고 여긴다.

✡

자녀 교육을 중요시하는 당신에게
"가정이 교육의 출발점임을 잊지 말라."

가정에서
어머니의 중요성

선량한 인품을 지닌 부부가 어쩌다가 이혼을 하게 되었다. 남편은 곧 재혼했지만 안타깝게도 악한 여자를 만났다. 그는 새 아내와 똑같이 악한 남자가 되었다. 아내도 곧 재혼했는데, 역시 악한 남자를 만났다. 그러나 그녀의 새 남편은 아내와 똑같이 선량한 사람이 되었다.

가정에서 여자의 역할이 얼마나 중요한지를 말해주는 이야기이다. 부부 사이에서도 아내의 역할이 중요한데, 남자는 어떤 여자를 만나느냐에 따라 성품이 바뀔 수 있다. 아무리 악한 남자라도 선한 여자를 만나면 선해질 수 있고, 아무리 선한 남자라도 악한 여자를 만나면 악해지기 쉽다.

자녀 교육도 마찬가지로 어머니로부터 시작된다. 유대인의 어머니는 결혼식 때부터 만들어진다. 전통적인 유대인 결혼식은 '후파' 밑에서 거행된다. 후파란 히브리어로 '차양'을 뜻하는데, 기다란 천으로 만들어진 지붕과 네 기둥으로 이루어져 있다.

이렇듯 후파는 집을 형상화하고 있는데, 새로운 가정을 상징한다. 후파 밑에서 결혼식을 치르는 것은, 사람들과 더불어 살며 좋은 인간관계를 유지하는 가정이 되라는 의미이며, 결혼식을 통해 경건한 유대인 가정을 이루길 바라는 소망의 표현이다.

임신법과 태교부터
자존감 있는 아이

결혼식이 끝나면 유대인은 자녀를 가지기 위해 철저히 준비한다. 앞서도 이야기했지만, 태교는 아이가 생기기 전부터 이미 시작된다. 유대인들의 전통적인 임신법으로 '닛다'라는 타이밍 임신법이 있다. 닛다란 건강한 아이를 출산하기 위해 부모의 신체 리듬과 정신이 가장 최고점에 달할 때 난자와 정자가 수정되도록 하는 방식을 말한다.

유대인 임신법을 연구한 홍영재 박사는 저서 《닛다 임신법》에서 그 특징을 두 가지로 이야기한다. 첫째 여성의 생리가 끝난 뒤 7일간 금욕하는 것이다. 이 금욕 기간에 건강한 정자와 싱싱한 난자가 만들어진다고 한다. 둘째 금욕 기간이 끝나는 7일째 되는 날 밤 '미크베'라고 하는 목욕탕에 들어가 몸을 깨끗이 씻은 뒤 부부관계를 가진다. 목욕물에는 보통 우유를 넣는다.

태교는 주로 뱃속의 아이에게 부모가 이야기를 들려주는 것으로 진행된다. 엄마는 물론이고 아빠도 엄마의 배를 만져주면서 태아에게 이야기를 건넨다. 책을 읽어주기도 하고, 이런저런 이야기를 들려준다. 그러면서 태아는 부모와 애착을 형성해 나간다.

부모와의 애착은 아이의 자존감 형성에 매우 중요한데, 비교적 이른 시기에 부모와의 애착 형성이 시작되는 유대인은 이미 태아 때부터 자존감이 생긴다고 볼 수 있다. 아이가 태어나면 엄마는 모유 수유를 원칙으로 한다. 태교 때부터 시작된 대화도 계속해 나간다.

"유대인이 진정한 유대인이 되려면 엄마가 유대인이어야 한다."라는 말이 있다. 실제로 유대인은 모계로 이어진다. 즉 어머니가 유대인이면 자식이 유대인으로 인정되는 모계 사회다.

모계 사회라고 해서 이스라엘이 남성보다 여성의 사회적 지위가 더 높다는 의미는 아니고, 유대인의 정체성 교육은 사람들 눈에 띄지 않게 집 안에서 남몰래 이루어져야 했던 역사적 배경 때문에 그렇게 되었다. 아버지는 보통 밖에서 일을 하다 보니 집에 있는 어머니가 교육의 주체가 된 것이다.

✡
아이를 똑똑하고 건강하게 기르고 싶은 당신에게
"올바른 애착 관계를 만들고 끊임없이 대화하라."

교육도 놀이처럼
부모가 함께

아이에게 공부를 강요함으로써 아이의 시간을 빼앗아서는 안 된다. 어른의 세계에 아이가 들어갈 수 없는 부분이 있듯이, 아이의 세계도 어른이 들어가서는 안 되는 부분이 있다.

《탈무드》는 아이에게 공부를 강요하지 말라고 한다. 아이도 어른처럼 독립적인 객체로 존중받아 마땅하기 때문이다.

유대인은 안식일에 일절 일을 하지 않는다. 유대 안식일은 예배드리고 온전히 휴식을 취하며 재충전하는 날이다. 그러나 교육만큼은 예외로 안식일에도 가정 교육이 이루어진다. 안식일에 아버지는 자녀가 한 주 동안 학교에서 무엇을 배웠고, 얼마나 이해하고 있는지 테스트하며, 부족한 부분은 친절히 가르쳐준다. 《탈무드》와 《토라》를 매개로 부자지간에 깊은 대화를 나누기도 한다.

그러나 유대인 아이들은 이를 따분한 공부라고 생각하지 않는다. 유대인의 가정 교육은 일방적이고 권위적으로 이루어지지 않고, 자유로운 토론 방식이기에 그렇다. 이들은 토론을 마치 놀이처럼 즐기는데, 가정에서의 교육도 그렇다. 그리고 그 중심에는 하브루타가 있다.

아버지와 자녀가 《탈무드》를 펴놓고 마주 앉는다. 그들은 《탈무드》 본문을 번갈아 읽고 질문과 대답을 주고받는다. 한 가지 주제를 가지고 서로 다른 논리로 자기주장을 펼친다. 아버지는 아이가 어리다고 무시하거나 강압적으로 밀어붙이지 않는다. 상대의 말을 반박할 때도 충분히 납득이 가도록 논리적으로 설명한다. 자녀도 아무리 부모이지만 양보하지 않고 예리한 논쟁과 논리적인 논박으로 상대를 설득한다.

자녀가 학교에 들어가기 전부터 하브루타 교육은 이렇게 시작된다. 이런 토론에서 애초에 지고 이기는 쪽은 없다. 중요한 것은 자신의 주장이 얼마나 논리적이냐, 얼마나 상대를 설득할 수 있느냐일 뿐이다. 상대방의 논리를 효과적으로 반박하기 위해 온갖 아이디어를 짜내고 빈틈없는 논리를 계발하는 과정에서 지혜와 사고력이 생긴다. 어린 시절 가정에서 시작된 하브루타 습관이 평생 이어진다.

게다가 유대인 부모는 아이들끼리 놀 시간도 충분히 제공한다. 공부만 시켜서는 좋은 효과를 기대할 수 없다는 것을 그들은 잘 알기 때문이다. 아이들은 아이들만의 세계에서 배울 것이 있다. 아이들끼리 놀면서 관계성이 향상되고 창의적인 사고도 계발된다. 유대인 기업이라 할 수 있는 구글이 업무 시간에 자유롭게 당구도 치고 놀 수 있는 기업 문화를 만든 데는 그런 배경이 있다.

우리나라도 교육열은 높지만, 가정 교육은 많이 미숙한 수준이다. 자녀를 해외 유학 보내고 기러기아빠가 되는 불편함을 감수하는 사람도 많고, '맹모삼천지교'라며 좋은 학군을 찾아 몇 번씩 이사하는 사람도 많다.

그러나 아무리 교육에 열정을 불태운다 해도 가정이 무너지면 교육은 실패로 끝나기 쉽다. 부모는 자녀의 거울이며 삶의 표본이다. 자녀는 가정에서 부모의 모습을 보고 자라므로, 부모는 자녀의 자아상을 형성하는 토대가 된다. 자녀의 인성과 삶의 태도, 가치관을 만드는 결정적인 역할을 부모가 하는 것이다.

《탈무드》는 가정 교육에 관해 다음과 같이 말한다.

아이는 부모가 말하는 방식을 똑같이 흉내 낸다.
사람의 성격은 언어 습관을 보면 쉽게 알 수 있다.

가정 교육의 실상은 아이의 말투에서 다 드러난다는 것이다. 아무리 일류 학교에 들어가고 우수한 커리큘럼과 유능한 교사 밑에서 배운다 해도, 그보다 중요한 것은 화목하고 행복한 가정에서 자라는 것이다.

가정이 행복한 것 자체가 아이에게 좋은 교육이다. 행복한 가정에서 자란 아이는 저절로 바람직한 가치관을 지니게 되고 건강한 인품을 지닌 건강한 사회인으로 길러질 수 있다. 그 토대 위에 뛰어난 지식이 덧입혀진 사람이라야 진정한 인재라 할 수 있다.

✡

지금 아이를 키우는 당신에게
"부모는 자녀의 자아상을 형성하는 토대가 된다."

지적 능력,
'왜?'라는 질문에서 시작된다

획일적 교육 vs
지혜를 위한 교육

안식일에 세 명의 유대인이 예루살렘으로 갔다. 그들은 가지고 있던 돈을 땅에 묻었다. 그런데 그중 한 사람이 남몰래 그 돈을 모두 꺼내 갔다. 다음 날 세 사람은 솔로몬 왕에게 가서 누가 그 돈을 훔쳤는지를 판결해달라고 청했다. 그러자 솔로몬 왕이 이렇게 말했다.

"자네 세 사람은 아주 현명하니, 우선 내 문제부터 해결해주게. 그러면 내가 판결을 내리겠네."

솔로몬 왕은 이야기를 시작했다.

"결혼을 약속한 남녀가 있었네. 그런데 그 약혼녀가 다른 남자와 사랑에 빠졌네. 그녀는 약혼자를 찾아가서 헤어지자고 제의했네. 여자는 약혼자에게 위자료를 내겠다고 말했으나 남자는 위자료 따위는 필요 없다고 말하면서 약혼을 취소해 주었네.

그녀는 돈이 많았네. 그래서 한 노인에게 납치를 당했네. 여자가 노인에게 '나는 약혼했던 남자에게 파혼할 것을 제의했는데, 그는 위자료도 받지 않고서 나를 자유롭게 해주었습니다. 그러니 당신도 그렇게 해주세요.'라고 요구했네. 그랬더니 노인은 그녀의 말대로 몸값을 받지 않고 그녀를 풀어주었네. 이들 중에서 가장 칭찬받을 사람은 누구인가?"

첫 번째 사람이 말했다.

"그야, 약혼녀에게 파혼을 승낙해준 첫 번째 남자가 칭찬을 받아야겠지요. 왜냐하면 그는 약혼녀의 의사를 무시하면서까지 결혼을 강행하려고 하지 않았을 뿐만 아니라, 위자료도 받지 않았기 때문입니다."

두 번째 사람이 말했다.

"아닙니다. 그 약혼녀야말로 칭찬을 받아야 합니다. 그녀는 진심으로 사랑하는 남자와 결혼하기 위해 약혼자에게 파혼을 요청하는 용기 있는 선택을 했습니다. 이야말로 칭찬받을 만합니다."

세 번째 사람이 말했다.

"이 이야기는 너무 뒤죽박죽이어서 저는 도무지 갈피를 잡을 수 없습니다. 여자를 납치한 노인만 해도 그렇습니다. 돈 때문에 여자를 납치했는데 돈도 받지 않고서 풀어주다니, 말이 안 됩니다."

그러자 솔로몬 왕이 호통을 치며 말했다.

"이놈! 네가 돈을 훔친 도둑이다. 다른 두 사람은 내 이야기를 듣고 사랑, 관계, 감정 같은 것을 생각했는데 너는 돈밖에는 생각하지 않았다. 틀림없이 네가 범인이다!"

'지혜의 왕'으로 알려진 솔로몬 왕의 지혜와 돈을 훔친 유대인의 어리석음을 대비하고 있는 《탈무드》의 이야기이다. 과연 참된 지혜란 무엇이며, 어리석음은 어떻게 나타나는지 생각해보게 하는 흥미로운 에피소드다.

솔로몬 왕은 돈을 훔친 진범을 찾아내기 위해 복잡한 이야기를 들려주며 질문을 던진다. 질문에 대한 답변에는 그 사람의 생각과 심리가 담겨 있기 마련이다. 솔로몬 왕은 이를 근거로 누가 도둑인지를 판가름할 수 있다는 매우 기발한 생각을 했다. 이런 기발한 생각, 창의적인 생각이 바로 지혜임을 《탈무드》는 가르쳐준다.

반대로 돈을 훔친 도둑은 어땠나? 왕이 들려준 이야기의 핵심을 파악하지 못했을 뿐만 아니라, 질문에 대해 엉뚱한 대답을 한다. 그는 얽히고설킨 복잡한 사건의 인과관계를 해석할 수 없었다. 게다가 "누가 가장 칭찬받을 사람인가?"라는 왕의 물음에 "노인이 몸값도 받지 않고 여자를 그냥 풀어주다니 말이 안 됩니다."라는 동문서답을 내놓았다. 질문의 의도도 이야기의 내용도 제대로 파악하지 못한 그런 유형을 우리는 어리석은 사람이라고 말한다.

획일적인 공부, 단순 암기식 공부로는 어리석음을 면할 수 없다. 그런데 안타깝게도 우리의 교육은 거의 다 주입식, 암기식이다. 정답과 공식을 암기하는 것이 우리나라 정규 교육의 대부분이다. 창의력은 없어도 암기력만 있으면 충분히 우등생이 된다. 호기심과 창의력을 중시하는 유대인 교육과는 이런 점에서 크게 다르다.

우리나라에서는 시험 점수가 높다고 해서 지혜로운 사람이라고 할 수 없다. 아니 오히려 공부만 잘하는 어리석은 사람일 수도 있다. 일류대학을 나오고 일류기업에 취직한 사람들이 어리석은 일을 저질러 언론에 오르내리는 일을 우리는 종종 보지 않는가!

심지어 대학도 중, 고등학교처럼 사지선다형, 오지선다형 시험을 출제하는 곳이 많다고 한다. 높은 학점이 중요한데 창의력 향상을 위해 관심을 기울일 학생은 많지 않을 것이다.

우리의 단순 암기식 교육에 대한 비판이 어제오늘의 일은 아니다. 유대인은 암기만 하고 단순 지식만 추구하는 사람을 《탈무드》와 속담, 격언을 통해서 당나귀 같은 사람이라고 조롱한다. "책에 적혀진 사실을 암기만 하는 것은 당나귀 등에 책을 쌓는 일과 같다."라고 말이다. 《탈무드》는 지혜에 관해 다음과 같이 이야기한다.

지혜는 그것을 살리려고 하는 자의 머리 위에서만 빛난다.

지혜를 추구하는 자만이 지혜로울 수 있다는 말이다.

오지선다형 시험 문제와 달리, 세상만사 그 어느 것도 정답은 없다. 사람의 얼굴이 모두 다르듯이 인생도 천차만별이다. 인생의 정답은 사람마다 다르고 자기만의 답이 있다. 정답 찍기 교육에 길들어져 인생에서도 획일적인 정답 찾기에 골몰한다면 곤란하다.

단순 지식을 추구하는 공부가 아닌, 지혜를 추구하는 공부를 하길 바란다. 그래야 사회가 요구하고 누군가가 기대하는 삶을 살아가는 인생이 아닌, 자기만의 답을 찾는 인생이 될 것이다.

호기심과 창의력을 키우고 싶은 당신에게
"단순 지식이 아닌 지혜를 추구하라."

질문만 있고
정답은 없다

홀로 아들을 키운 아버지가 있었다. 그는 장성한 아들을 외국에 보내 공부하도록 했다. 그런데 아버지가 중병에 걸리고 말았다. 아버지는 아무래도 아들을 만나지 못하고 죽을 것 같아 유서를 썼다. 유서의 내용은 자기의 전 재산을 한 하인에게 물려주되, 아들에게는 원하는 것 한 가지만을 주라는 것이었다. 유서를 쓴 아버지는 곧 세상을 떠났다.

그 하인은 자신에게 찾아온 행운을 기뻐하며 아들에게 달려가 부음을 전했다. 그리고 문제의 유서를 내보였다. 아버지가 돌아가셨다는 충격적인 사실을 접한 아들은 몹시 슬퍼하는 한편, 당혹스러움을 감추지 못했다. 아버지의 장례를 치른 뒤, 아들은 스승을 찾아가 하소연했다.

"아버지는 왜 저한테 재산을 조금도 물려주시지 않았을까요? 제 기억에는 아버지를 속상하게 해드린 적이 전혀 없는데, 무엇이 서운하셨던 걸까요?"

스승이 대답했다.

"자네 아버지는 참으로 현명한 분일세. 자네를 끔찍이 사랑하신 분이라는 걸 알겠어. 이 유서를 보면 그걸 알 수 있네."

"하인에게 전 재산을 물려주시고 저한텐 아무것도 남겨주시지 않았는데도 말입니까? 저는 이것이 어리석은 행위로밖에 생각되질 않습니다. 아들에 대한 애정이라곤 눈곱만큼도 없는 것 같습니다."

"자네는 아버지의 현명함을 배워야 하네. 아버지는 결국 자네에게 전 재산이 온전히 돌아가도록 하신 걸세. 아버지는 임종할 무렵 자네가 집에 없었기 때문에 하인이 재산을 빼앗고 도망칠 수도 있고, 전 재산을 탕진할 수도 있고, 심지어는 자네에게 부음을 전하지 않을 수도 있다고 생각하셨지. 그래서 모든 재산을 하인에게 주신다고 유언한 걸세. 재산을 물려받은 하인은 기뻐하며 자네를 찾아가 그 사실을 확인시켜 줄 수 있었지. 그러나 결국 아버지는 전 재산이 고스란히 자네에게 돌아갈 것을 알고 계셨어."

"아직도 전 그 뜻을 모르겠습니다."

"젊은 사람이라 아직 지혜가 미치지 못하는군. 하인의 재산은 모두 주인에게 속한다는 것을 자네는 모르는가? 자네의 아버지는 자네가 원하는 한 가지만은 자네에게 물려주신다고 분명히 말씀하시지 않았는가? 그러니 자네는 그 하인을 선택하면 되는 걸세. 이 얼마나 현명하고 애정이 넘치는 생각이셨는가 말일세."

그제야 아들은 아버지의 깊은 뜻을 깨닫고 스승의 말대로 한 다음 하인을 해방시켜 주었다. 그 뒤로 젊은 아들은 주위 사람들에게 이렇게 말하곤 했다.

"역시 나이 많은 사람의 지혜를 이길 수 없어."

전 재산을 하인에게 빼앗길 수도 있는 상황에서 아들에게 온전히 물려주려는 아버지의 마음과 놀라운 지혜를 엿볼 수 있는 에피소드다. 유대인은 자녀 교육에 있어서 단순 지식보다는 지혜에 초점을 맞춘다. 죽음을 맞이하는 순간에도 황금보다 지혜를 얻도록 가르친다. 이 이야기에 등장하는 아들 역시 아버지가 죽음의 순간에 전수해준 소중한 지혜를 배웠을 것이다. 그 지혜는 다시 그 아들의 아들에게 고스란히 전수되고 가문에서 가문으로 대물림될 것이다.

어린아이들은 호기심 천국에 산다. 궁금한 것이 너무 많아서 시도 때도 없이 질문을 퍼붓는다. 유대인들은 아이들의 많은 질문에 귀찮아하지 않을뿐더러, 그 질문을 경청한 뒤 좀 더 색다른 질문을 던짐으로써 스스로 더 나은 답을 찾아가도록 돕는다. 아이들이 더 많은 호기심, 더 많은 질문을 품게 할 뿐, 정답은 알려주지 않는다. 이것이 유대인의 창의적 교육이다.

교육의 초점은
호기심과 창의력

유대인의 교실에서 교사는 혼자서만 이야기하지 않는다. 교사 혼자 강의하고 무조건 받아적는 우리의 교실 풍경과는 사뭇 다르다. 유대인 교실에서는 교사가 이야기하고 학생이 질문하는 상호작용이 매우 활발히 이루어진다. 이런 상호작용을 통해 아이들은 호기심 주머니를 채워간다. 공부가 즐거워지니 공부 습관이 저절로 길러진다. 지식이 늘고 논리력, 상상력, 창의력이 발달한다. 그것이 바로 유대인의 교육이며, 행복한 삶의 시작이다.

행복은 남에게 이끌린 인생이 아닌, 자기 주도적인 삶에서 시작된다. 자기 주도적인 삶을 살려면 '왜?'라는 의문을 품어야 한다. 철학자 프리드리히 니체는 저서 《우상의 황혼》에서 '왜?'라는 의문의 중요성을 다음과 같이 이야기한다.

어떻게 살아야 할지 삶의 방법론을 많은 책이 이야기하지만, 자신에게 맞는 방법론을 찾기는 어렵다. 타인의 방식이 자신에게 맞지 않은 것은 당연한 일이다. 문제는 자신이 던지는 '왜?'라는 물음에 자기 스스로 답을 찾을 길이 없다는 데 있다. 왜 그 일을 하고 싶은가? 왜 그렇게 되려고 하는가? 왜 그

길로 가려고 하는가? 이런 의문에 답하기 위한 분명한 기준이 없기에 답을 찾지 못하는 것이다. '왜?'라는 의문에 스스로 답을 찾아갈 수 있어야 하고, 그래야만 무엇을 어떻게 해야 할지 알게 된다. 이제 남은 일은 그 길을 가는 것뿐이다.

'왜?'라는 질문을 던지고 스스로 그 답을 찾아 나가라는 말이다. 그렇게 자기 스스로 인생의 길을 만들어가는 것이다. 교육도 공부도 각자가 자신에게 맞는 인생을 만들고 살아가기 위한 수단에 불과하다. 공부의 목적이 정답 암기가 되어서는 안 된다.

어려운 일은 누구에게나 일어날 수 있으며, 이때야말로 깊이 생각하는 힘이 요구된다. 어디서부터 어떻게 손을 써야 좋을지 전혀 알 수 없을 때, 혹은 다시 일어설 가능성이 전혀 없을 때, 의지할 수 있는 것은 자신의 깊은 사고력뿐이라고 생각한다.

– 《학문의 즐거움》 히로나카 헤이스케 저 김영사

어려울 때 다시 일어설 수 있는 힘은 깊은 사고력에서 나오고, 공부는 그런 사고력, 즉 지혜를 얻기 위해 하는 것이어야 한다는 이야기다. 유대인이 추구하는 공부의 목적도 그와 같다.

지혜를 얻는 공부는 많은 독서가 바탕이 된다. 특히 고전을 많이 읽기를 바란다. 다양한 독서법이 있겠지만, 니체 한 사람만 파고든 일본의 사이토 다카시의 방법도 좋다고 본다.

"나는 한 놈만 팬다."라는 어느 영화의 대사처럼 그는 한 작가만을 파고들었다. 그 작가가 읽었다는 책도 모조리 찾아 읽어보았다. 그러면서 작가의 사고 체계가 어떻게 형성되었는지 그 경로를 추적할 수 있었을 것이다. 그렇게 한 작가의 지혜를 좇아가다 보면 어느 순간 자신에게도 지혜의 물꼬가 트일 것이다. 니체만 파고든 사이토 다카시는 결국 《곁에 두고 읽은 니체》라는 걸작을 쓰게 된다.

독서는 잠자고 있는 우리를 깨운다. 책들이 마치 도끼처럼 우리 안에 있는 꽁꽁 얼어붙은 바다를 깨부순다. 그리되면 삶에 '왜?'라는 의문을 던지게 되고 스스로 그 답을 찾아나갈 수 있게 된다. 그것이 지혜를 얻는 길이다. 잡다하게 구걸한 지식과 단순 암기식의 공부로는 지혜에 이를 수 없다.

✡

지혜로운 사람이 되고 싶은 당신에게
"호기심을 가지고 고전을 섭렵하라."

창의력을 낳은
수평 문화

창의성의 비결
후츠파 정신

훌륭한 랍비가 노환으로 위중해져서 많은 제자가 병문안을
왔다. 더는 스승의 가르침을 받을 수 없다고 생각한 한 제자
가 스승의 머리맡에 다가가 물었다.

"스승님, 궁금한 게 있습니다. 과연 인생이란 무엇이라고 생각
하십니까?"

스승은 겨우 한마디를 했다.

"인생이란……, 한 잔의 차와 같다."

제자는 뛸 듯이 기뻐하며 기다리고 있던 친구들에게 달려가 스승의 답을 전했다. 그런데 처음에는 알 것 같던 스승의 말이 생각하면 할수록 점점 알쏭달쏭해졌다. 그래서 그는 다시 스승에게 달려가 물었다.

"스승님, 아무리 생각해도 잘 이해되지 않습니다. 설명 좀 해주세요."

"그래? 그러면 인생은 한 잔의 차와 같지 않다고 해라."

답을 들은 제자는 더욱 이해가 되지 않아 눈만 멀뚱거렸다.

어떻게 인생을 한마디로 정의할 수 있겠는가? 제자의 질문 자체가 어리석은 것이었다. 이 어리석은 질문에 스승은 두 번 답을 했지만, 두 번 다 정답을 말한 게 아니라 제자 스스로 그 문제를 깊이 생각할 수 있도록 숨은 질문을 던진 것이었다. 애초에 제자 자신이 답을 찾아야 하는 문제였다.

질문과 반문이 계속되는 토론과 논쟁을 통해 답을 찾아나가는 방식. 유대인이 죽는 순간까지 고수하는 교육 방식이 바로 그런 것이다.

창의력으로 세계를
주름잡은 유대인들

유대인들은 창의성을 기반으로 세계를 주도하고 있다. 노벨상 수상자 중 25%가량이 유대인이라는 사실은 잘 알려져 있다. 창의력이 생명인 영화계도 유대인들이 주름잡고 있다. 미국의 7대 메이저 영화사 중 디즈니를 뺀 나머지 파라마운트, MGM, 워너브라더스, 유니버설스튜디오, 20세기 폭스, 컬럼비아 영화사를 창립한 사람이 모두 유대인이다.

유대인인 스티븐 스필버그가 감독한 영화 〈쥬라기 공원〉은 1993년 개봉 당시, 우리나라 자동차 소나타 100만 대를 수출해서 얻은 이익과 맞먹는 매출을 올렸다. 이처럼 창의력의 산물은 어마어마한 부가 가치를 창출할 수 있다.

성공한 글로벌 기업 중에서도 유대인 기업이 많다. 구글과 페이스북의 창업자도 모두 유대인이다. 유대인 기업가들은 후츠파 정신으로 기업을 운영한다. 후츠파란 히브리어로 뻔뻔함, 담대함, 저돌성, 무례함을 뜻하며, 유대인 특유의 도전 정신을 가리킬 때 자주 언급되는 말이다. 유대인의 후츠파를 뒷받침하는 7가지 정신은 형식 타파, 권위에 대한 질문, 섞임과 어울림, 위험 감수, 목표 지향성, 끈질김, 실패로부터 교훈 얻기이다.

유대인들은 어려서부터 형식과 권위에 얽매이지 않고, 끊임없이 질문하고 도전하며, 때로는 뻔뻔하다 싶을 정도로 자신의 주장을 당당히 밝힌다. 그런 특성에서 유대인 특유의 창의력이 만들어졌다.

페이스북 창업자 마크 저커버그는 개인 사무실에서 홀로 일하기보다는 다른 직원들과 어울리며 일하는 것을 좋아한다. 구글의 공동 창업자 세르게이 브린과 래리 페이지도 그런 점에서 비슷하다.

구글은 창의적인 기업의 대명사로 불린다. 구글 혁신 및 창의성 프로그램을 총괄하는 프레더릭 페르트는 서울디지털포럼에 참석해 창의성을 깨우는 네 가지 전략을 소개한 바 있다.

그때 그는 그 전략 중 첫 번째를 사명감이라고 밝혔다. 두 번째 창의성 전략은 투명성으로 기업 정보를 대내외적으로 공유하며 원하는 정보를 마음껏 활용하도록 하는 것이다. 모두에게 동일한 기회를 제공하며 누구나 도전할 수 있는 문화를 창출하려는 의도라고 한다.

구글의 세 번째 창의성 전략은 모든 사람에게 발언권을 주는 것이다. 직위와 상관없이 치열한 토론을 가능하게 하려는 목적이다. 네 번째 창의성 전략은 모두 함께 머리를 맞대고 상상한 것을 만들 수 있는 공간을 마련한 것이다. 아이 같은 자유로운 행동, 장난스러움을 격려하는 환경에서 창의성은 더욱 발휘된다고 그들은 믿는다.

유대인은 《탈무드》를 공부하는 데도 후츠파 정신을 적용한다. 한 가지 사안에 대해 끊임없이 서로 묻고 대화하고 토론하고 논쟁한다.

답은 각자 해석하기 나름이니 자기 생각과 논리를 자신 있게 펼친다. 나이 많은 사람과 함께 있어도 주눅 들지 않는다. 엉뚱한 소리를 해도 아무도 비웃지 않는다. 정답은 애초에 없기 때문이다.

유대인은 하나의 문제를 백 명이 풀면 백 개의 답이 있다고 생각한다. 하나의 정답만을 찾는 우리와는 사고의 출발점 자체가 다르다. 창의력은 이 같은 다양성 속에서 계발된다.

✡

창의성을 기르고 싶은 당신에게
"엉뚱한 생각도 거침없이 표현하라."

혼자서 배우면
바보 된다

유대 법정에서는 사형 선고를 내릴 경우, 재판관 전원이 동의하면 무효로 간주한다. 재판이란 언제나 두 가지 이상의 견해가 있어야만 공정성을 유지할 수 있다는 생각 때문에 그렇다.

유대인은 재판이란 서로 다른 견해를 논박하며 가장 좋은 답을 찾아 판결하는 과정이라고 생각한다. 더군다나 사형 선고라는 중차

대한 판결은 좀 더 다양한 견해와 좀 더 치열한 토론에서 비롯된 결과여야 한다고 생각하는 것이다.

심판관 전원이 같은 견해를 낼 거라면 굳이 재판할 필요가 없다. 앞 인용문은 다양성을 중시하고 토론과 논쟁을 즐기는 유대인의 특성을 잘 말해준다.

토론이란 사전적 의미로 "어떤 문제에 대해 여러 사람이 각각 의견을 말하며 논의함."이라고 한다. 논쟁이란 "서로 다른 의견을 가진 사람들이 각각 자기의 주장을 말이나 글로 논하여 다툼."이라고 한다. 즉, 토론과 논쟁은 상대의 의견과 내 의견이 달라야 이루어질 수 있다. 상대의 논리에 수긍하는 순간 토론과 논쟁은 끝난다.

토론과 논쟁을 벌이기 위해서는 나만의 생각과 견해를 가져야 하고, 내 생각에 걸맞은 논리도 갖추어야 한다. 논리적인 생각이란 개인적인 감정에 휩싸이지 않는 것이며, 누구라도 동의할 수 있는 합리적인 생각이다. 누가 들어도 고개를 끄덕일 수 있는 논리로 상대의 주장에 맞서 다투는 것이 곧 토론이며 논쟁이다. 자신만의 논리를 생각해내고 자신과 다른 논리를 접하는 일련의 과정에서 창의적인 사고가 생겨난다.

토론과 논쟁을 중요시하는 의미로 《탈무드》는 "혼자서 배우면 바보가 된다."라고 말한다. 진정한 지혜는 토론과 논쟁에서 만들어지는데 혼자서는 토론과 논쟁을 할 수 없기에 그렇다. '좋은 답'은 '좋은 '질문'에서 시작된다. 질문과 답을 주고받는 과정이 바로 토론이며 논쟁이다.

틀렸을까 봐
두려워하지 않는다

우리나라에도 토론과 논쟁으로 창의적인 산물을 쏟아낸 시대가 있었는데, 바로 세종대왕이 다스리던 때였다. 세종이 즉위하고 신하들 앞에서 제일 먼저 한 말은 "의논하자."였다. 세종은 신하들이 마음을 터놓고 의견을 개진할 수 있도록 자유로운 토론 환경을 만들어주었다. 상대의 의견에는 반드시 반대 의견을 내도록 함으로써 논쟁에 불을 붙였다. 서로 다른 생각들이 충돌하는 과정을 통해 신하들에게 새로운 관점을 가지게 했다.

그래서 세종 시대에 유독 창의적인 인재가 많이 배출되었다. 과학에 장영실, 음악에 박연, 뛰어난 관료에 황희, 집현전 학자에 성삼문, 장수로는 군사 요충지 육진을 개척한 김종서 장군이 있었다. 그 밖에 천문학과 과학 문명의 획을 그을 만한 발명품도 많이 쏟아져 나왔다.

세종은 국가 정책을 결정할 때도 반대 의견을 무시하지 않고 오히려 귀를 기울였다. 그는 "어느 안전이라고 그런 말을 하느냐!" 같은 말을 하지 않았다. 끈질긴 토론과 논쟁을 유도해 가장 합리적인 선택을 이끌어 냈다. 끝내 결론이 나지 않으면, 황희 정승 같은 원로에게 조정해 결론을 내리도록 했다.

논리적으로 모순이 있는 의견에는 틀렸다고 이야기하는 게 아니라, 당사자에게 질문을 던짐으로써 스스로 오류를 깨닫고 자신이 틀렸음을 인정하게 했다. 한글을 창제할 때도 그랬다.

최만리를 비롯한 많은 신하가 한자 문화를 이유로 한글 창제를 반대했다. 세종은 이들을 강압적으로 제압하지 않고 그들이 수긍할 때까지 설득하기를 무려 3년이나 계속했다. 이런 수평적인 문화가 있었기에 세종 시대 문화와 과학기술이 꽃을 피운 것이다.

창의성은 자신의 의견을 자유롭게 펼칠 수 있는 환경에서 발전한다. 그런 자유로운 환경이어야 남들과 다른 시각으로 사고할 수 있고 상대의 주장에 대해 마음껏 논박을 펼칠 수도 있다.

알베르트 아인슈타인은 노벨물리학상을 받는 자리에서 다음과 같이 답했다고 한다.

"세상 사람들은 규칙을 지키는 것이 가장 중요한 가치라고 생각하지만, 나는 반대로 규칙을 뒤집어야 우리에게 가장 필요한 새로운 규칙이 탄생한다고 믿습니다."

조금은 모나고, 튀어 보이고, 다르게 생각하고, 다르게 행동하는 사람에게 우리의 미래가 달린 건 아닐까, 생각해보게 하는 문장이다.

새로운 규칙을 만들고 싶은 당신에게
"때로는 규칙을 뒤집어라!"

9장

많은 노벨수상자를
있게 한 독서

유대인의
유별난 책 사랑

책이 없는 집은 영혼이 없는 몸과 같다. 돈을 빌려달라는 부탁은 거절해도 좋으나, 책을 빌려달라는 부탁은 거절하면 안된다.

《탈무드》는 책을 사람의 영혼과 거의 동격에 놓고 있다. 유대인들이 이 책을 얼마나 높게 평가하는지 짐작케 하는 대목이다.
유대의 한 랍비는 다음과 같이 이야기했다.

만일 책과 옷이 잉크로 얼룩졌다면, 먼저 책을 깨끗이 닦아 낸 다음에 옷에 묻은 잉크를 지워라. 만일 책과 돈을 동시에 떨어뜨렸다면, 먼저 책을 집어 들어라.

유대인을 흔히 '책의 민족'이라고 한다. 유대인의 책 사랑은 유별나다. 심지어 이스라엘에는 헌책방이 없다고 한다. 한번 산 책은 팔지 않고 보관하며, 책 중고거래는 하지 않는다. 유대인이 이토록 책에 대해 강한 애착을 드러내는 이유는 뭘까? 유대인의 역사를 통해 그 이유를 짐작해볼 수 있다.

서기 70년 로마의 티투스 군대에 의해 예루살렘이 함락되고 이스라엘은 완전히 멸망했다. 나라를 잃은 유대인은 그 후 2천 년간 세계 곳곳을 떠돌아다녀야 했고, 언제든 집을 떠날 수 있도록 준비가 되어야 했다. 이때 무엇부터 가지고 가야 할지 우선순위는 명확했는데, 신앙과 교육에 관련된 것이 최우선이었다.

당연한 것은 없다
계속 질문하라

유대인들이 교육에서 제일 강조하는 세 가지가 있다. 그중 첫째는 독서, 둘째는 당연한 것은 아무것도 없다는 자세다. 모든 것에 의문을 품고 질문을 멈추지 말라는 뜻이다. 셋째는 실패를 두려워하지 않는 자세다. 하브루타는 이 세 가지 덕목을 모두 포함하고 있다.

유대 학교에서는 학기가 시작될 때마다 학생들이 읽고 싶은 책을 도서관에서 골라 읽게 한다. 학생들은 독서 목록을 분야별로 일목요연하게 정리하고 교사에게 독서 이력을 제출해야 한다. 하브루타 방식으로 책을 읽고 책 내용에 관해 토론하며 삶에 적용할 부분을 정리한다. 학교에서든 집에서든 이 같은 독서 문화는 유대인에게 지극히 자연스럽다. 한번 산 책은 버리지 않으니 집안 가득 책이 꽂혀 있다.

책을 읽지 않고는 좋은 질문을 던질 수 없다. 독서로 쌓아 올린 지식은 대화하고 질문하고 토론하고 논쟁하는 중요한 재료가 된다. 지식이 부족하면 토론할 때 한두 번 묻고 대답하고 나면 할 말이 없다. 꿀 먹은 벙어리가 되어 눈만 껌벅거리게 된다.

하브루타는 말 잘하는 스킬을 배우는 수단이 아니라, 논리력과 상상력과 창의적인 사고를 바탕으로 합리적이고 비판적인 사고가 길러지는 과정이다. 탄탄한 지식이 없이는 대화하고, 질문하고, 토론하고, 논쟁할 수 없다.

✡
영혼을 채우고 싶은 당신에게
"집 안을 책으로 가득 채우라."

독서를 하는
마음가짐과 태도

어떤 부자가 타지에서 공부하고 있던 아들에게서 편지를 받았다. 그가 비서에게 아들의 편지를 읽게 했는데, 별로 내키지 않았던지 비서는 성의 없이 퉁명스럽게 읽었다.

"아버지! 제게 빨리 돈을 보내주세요. 저는 새 신발과 옷이 필요합니다."

이를 듣고 아버지가 불같이 화를 냈다.

"무례한 녀석 같으니라고! 어떻게 감히 아버지한테 그런 편지를 쓸 수 있단 말인가? 단 한 푼도 안 보내겠다."

얼마 뒤 비서가 나가고 아내가 들어왔다. 속이 상한 아버지가 아내에게 편지를 건네주며 말했다.

"우리가 곱게 키운 자식이 어떻게 편지를 썼는지 보구려!"

어머니는 아들의 필체를 보자 모성애가 일었다. 그래서 아주 부드럽고 애절한 목소리로 마치 기도하듯 편지를 읽었다.

"아버지! 제게 빨리 돈을 보내주세요. 저는 새 신발과 옷이 필요합니다."

가만히 듣던 아버지가 이야기했다.

"녀석이 달라졌군. 아주 신사처럼 요청하고 있구나! 어서 돈을 부쳐주어야지. 진작 그렇게 나올 것이지."

아들의 편지는 비서가 읽었을 때나 어머니가 읽었을 때나 달라진 내용이 없었다. 그러나 비서가 읽었을 때는 불같이 화를 내던 아버지가 아이의 어머니가 읽었을 때는 아들의 마음에 공감하며 요청에 응하는 것을 볼 수 있다.

이 예화는 책을 읽는 태도와 감정의 중요성을 말해준다. 같은 책이라도 어떤 감정을 실어 어떤 태도로 읽느냐에 따라 전해지는 메시지가 달라진다는 이야기이다.

유대인들은 책을 읽는 태도와 감정을 중요하게 여긴다. 책을 읽을 때의 감정과 태도에 따라 받아들이는 정보가 달라지기 때문이다. 기분이 나쁜 상태에서 책을 읽으면 책 내용에 쉽게 동화되기가 힘들다. 마음속에 폭풍우가 몰아치고 있으면 아무리 좋은 글을 읽어도 그 내용에 집중하기가 어렵다. 앞의 예화처럼 똑같은 내용도 전혀 다른 메시지로 읽힐 수 있다.

독서하지 않는 사람은
빈수레다

동전이 한 개 들어 있는 항아리는 시끄럽게 소리를 내지만,
동전이 가득 찬 항아리는 흔들어도 소리가 나지 않는다.

동전이 가득 찬 항아리처럼 독서를 많이 한 사람은 주변에서 아무리 흔들어대도 흔들리지 않는 확고한 사람이 된다. 독서를 많이 한 사람은 쓸데없는 이야기에 귀를 기울이지 않고 자신을 넘어뜨리려는 유혹에 쉽게 휩쓸리지도 않는다. 관계에서도 경거망동하지 않고 잠잠히 현명한 길을 걷는다.

독서에는 사람을 지혜롭고 강하게 만드는 힘이 있다. 독서는 성공을 향한 가장 빠른 지름길이다. 독서가 힘이라는 사실에 누구나 공감하지만, 독서인구는 해마다 감소하고 있다.

통계청 자료에 의하면 2021년 독서인구 비중은 45.6%로 2013년 이후 계속 감소해 최저 수준이다. 2021년 13세 이상 1인당 평균 독서 권수는 7권이었고, 독서인구 1인당 평균 권수는 15.2권이었다. 그중 50세 이상의 독서인구가 가장 적다.

독서 인구

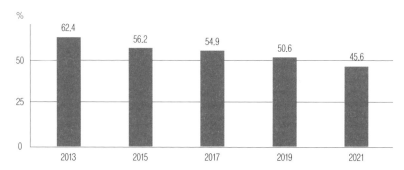

[단위 : %]

	2021													
	계	-1인당 평균독서 권수	독서 인구	-독서인구 1인당 평균 독서권수	잡지류	-잡지류 평균독서 권수	교양 서적	-교양서적 평균독서권수	직업 서적	-직업서적 평균독서 권수	생활,취미 ,정보서적	-생활,취미, 정보서적 평균독서 권수	기타	-기타서적 평균독서 권수
계	100.0	7.0	45.6	15.2	18.9	5.8	71.7	7.9	39.2	5.0	24.9	4.4	22.6	23.9
남자	100.0	7.4	42.9	17.1	18.5	6.7	65.2	8.2	47.3	5.2	22.3	4.3	27.2	26.3
여자	100.0	6.6	48.3	13.6	19.3	5.1	77.4	7.8	32.2	4.6	27.2	4.4	18.6	21.0
13(15)~19세	100.0	13.1	67.3	19.5	13.0	5.8	78.8	9.6	24.8	3.9	17.0	4.9	44.6	21.0
20~29세	100.0	8.8	57.7	15.3	18.3	4.6	71.9	6.7	47.9	4.8	18.8	3.3	31.5	21.2
30~39세	100.0	9.8	55.1	17.8	17.3	5.4	64.9	7.9	47.8	4.8	35.6	4.4	28.4	27.6
40~49세	100.0	9.0	55.1	16.3	18.8	5.7	69.6	8.3	46.6	5.0	28.2	4.8	20.6	28.1
50~59세	100.0	5.3	41.9	12.8	23.1	6.3	73.5	8.0	38.9	5.4	24.5	3.7	11.2	21.8
60세이상	100.0	2.5	24.6	10.3	21.3	7.1	75.9	7.7	17.7	5.6	20.6	5.3	4.9	17.3

※출처: 통계청, 「사회조사」 각년도

　　스마트폰에 익숙한 요즘 젊은 세대는 책보다는 영상을 훨씬 친숙하게 여긴다. 책보다는 유튜브 같은 미디어를 훨씬 많이 본다. 미디어는 책보다 훨씬 많은 정보를 담는다. 정보의 홍수인 시대다. 문제는 받아들이는 정보의 양만 많아졌지, 그 정보를 자신의 지식으로 만드는 능력은 현격히 떨어졌다는 것이다.

　　아무리 많은 정보를 접해도 그것에 대해 사고하지 않으면 그 정보는 자기 것이 되지 않는다. 정보가 자신의 지식으로 남느냐, 일회용으로 사용돼 사라져 버리느냐는 사고력에 달렸다. 사고력은 독서에서 길러진다.

독서는 사고력의 원천이다. 책에는 인류가 쌓아놓은 문화와 문명과 삶의 여러 모양들이 담겨 있다. 이것들을 읽어나갈 때 생각하는 능력이 키워진다. 사고력은 정보를 지식으로 전환하는 힘을 가지고 있을 뿐만 아니라, 삶의 현상을 통찰하게 하는 능력도 있다.

공자는 배움과 생각은 반드시 동시에 이루어져야 한다며 다음과 같이 이야기했다.

> 배우기만 하고 생각하지 않으면 갈피를 잡을 수 없고, 생각만 하고 배우지 않으면 위태롭다.
>
> – 《논어》 '위정편'

유대 랍비 이븐 티븐은 책을 가장 유익한 친구라고 한다. 왜냐하면 독서는 가장 이로운 결과를 가져다줌으로써 영혼의 기쁨을 안겨주기 때문이다.

> 책이 그대의 친구가 되게 하라. 책을 그대의 동반자로 삼아라. 책장을 그대의 낙원으로 삼으며 과수원이 되게 하라. 책

의 낙원에서 즐거워하며 향기롭고 잘 익은 열매를 따라. 거기서 꺾은 장미로 그대를 장식하라. 후추의 열매를 따서 뜰에서 뜰로 옮기고, 아름다운 경치를 바꾸어가며 보라. 그리하면 그대의 희망은 새로워지고 그대의 영혼은 늘 기쁨으로 타오를 것이다.

유대 랍비 임마누엘은 책 사는 데 쓰는 돈이 가장 유익하다며 다음과 같이 이야기한다.

그대의 돈을 책 사는 데 써라. 그럼 황금과 지성을 얻을 것이다. 책은 읽기 위한 것이지 장식하기 위한 것이 아니다. 책은 존경하는 마음으로 다루어야 한다.

유대 격언에도 책과 관련된 것이 많다. 예를 들면 다음과 같다.

생활이 어려워 물건을 팔아야 한다면, 금은보석과 집과 토지 순으로 팔아라. 최후의 순간까지 절대로 팔아서는 안 되는 것은 책이다.

1996년 노벨상 수상자 피터 도허티 교수는 노벨상을 받게 된 가장 큰 원동력을 책이라고 했다. 강연을 위해 고려대학교에 방문한 그는 다음과 같이 이야기했다.

> "노벨상을 받게 된 원동력은 독서였습니다. 어렸을 때는 아버지와 할머니가 책을 많이 읽어주셨고 여섯 살 무렵부터 혼자 책을 읽었습니다. 제가 독서하는 이유는 아이디어를 얻기 위해서입니다. TV는 책에 비해 깊이 있는 내용을 전해주지 못하죠."

책을 읽지 않아도 얼마든지 살아갈 수 있다. 하지만 책을 읽는 사람과 그렇지 않은 사람의 인생은 완전히 다르다. 유대인들의 독서 문화를 참고로 오늘 한 권의 책을 읽어보라. 장식용이 아닌 삶을 변화시키는 책 읽기가 필요한 때다.

책을 읽지 않아도 살아갈 수 있다는 당신에게
"독서는 인생을 역전시키는 힘이 있다."

3부

유대인의
경제 개념

세계적인 갑부를 탄생시킨
경제 교육

잘한 장사란
무엇인가?

상인은 싸게 살 수 있는 상품은 무엇이든 사들여, 가장 이른 시일 안에 적은 마진으로 팔아라. 당신의 손에 있으면서 타인이 원하는 물건을 싸게 파는 행위는 장사가 아니다. 당신의 손에 없고 타인이 원하지 않는 물건을 비싸게 파는 것이 진짜 장사다. 상인은 가능하면 침묵해서 영리하다는 인상을 주기보다는 어수룩하다는 인상을 주어야 한다.

《탈무드》는 이 짧은 문장에 장사의 원칙과 상인의 덕목을 모두 압축해서 담아냈다. 자기 손에 없고 손님이 원하지 않는 물건을 비싸게 팔아야 잘한 장사이고, 어리숙한 인상을 주는 상인이 성공한다. 어릴 때부터 이런 가르침을 받은 유대인이 유능한 사업가가 되는 것은 당연한 이치다. 그들은 장사에 대한 철학이 남다르고, 사람의 심리를 꿰뚫는 비즈니스 공식을 가지고 있다.

세계적인 갑부 중에는 유대인이 많다. 앞서도 보았지만, 세계 1, 2위를 다투는 글로벌 기업들의 창업자 가운데 단연 유대인 비중이 높다. 게다가 이는 반짝 유행하는 현상이 아니라 수백 년간 일관된 사실이다.

"부자는 삼대를 못 간다."라는 속담처럼, 부자는 되기도 어렵지만 유지하기는 더 힘들다. 그런데 유대인은 오랜 세월 동안 부의 왕좌를 차지하고 있다. 많은 사람이 유대인의 비즈니스 비결을 배우고자 하는 이유이다.

장사의 신
로스차일드 가문

유대인 부자의 역사를 흔히 로스차일드 가문에서부터 이야기한다. 로스차일드 가문은 독일 프랑크푸르트의 게토 지역에서 대대로 상업에 종사했던 유대인 가문으로 18세기까지는 큰 두각을 나타내지 못했다.

금융재벌 로스차일드 가문의 기초를 세운 메이어 암셀 로스차일드는 독실한 유대교도인 아버지의 뜻에 따라 랍비 양성학교에 들어갔다. 그러나 열 살 무렵 부모님이 모두 사망하자 학교를 그만두고 궁정 유대인 밑에서 금융업을 배웠다.

18세기 중반 그는 환전상에서 일하다가 궁의 두터운 신임을 얻으면서 궁정 유대인으로 일하게 되었고, 환전과 무역으로 큰돈을 벌게 되었다. 18세기 후반 궁정에서 정식 금융업자로 지명되어 훗날 금융재벌의 발판을 마련했다. 메이어 암셀 로스차일드 사후 그의 다섯 아들이 런던, 파리, 빈, 나폴리 등 유럽 전역에 은행을 설립하면서 지금과 같은 금융재벌로 성장한 것이다.

로스차일드 가문은 나치의 유대인 박해 때 많은 유대인을 도왔을 뿐만 아니라, 1948년 이스라엘이 건국할 때도 많은 자금을 지원했다. 그들은 철저한 경제 교육을 바탕으로 부를 축적했다. 로스차일드 가문의 경제 교육의 기본이 되는 열 가지 원칙이 있는데 다음과 같다.

(1) 성공한 사람처럼 행동하라. 그러면 나도 모르는 사이에 성

공한다.

(2) 안 되는 것을 남의 탓으로 돌리지 말라. 그것은 노예가 되는 지름길이다.

(3) 정보가 곧 돈이다. 정보의 안테나를 높이 세워라.

(4) 인맥이 힘이다. 인맥 네트워크를 형성하라.

(5) 남을 위하라. 그래야 남도 나를 위한다.

(6) 위기가 기회다. 불황에서 돈을 벌 확률이 평상시보다 10배는 높다.

(7) 팀워크처럼 중요한 것은 없다. 조직의 단결에 최선을 다하라.

(8) 교육비에 과감히 투자하라.

(9) 성공한 사람들과 교분을 가져라. 놀라운 파워가 공유된다.

(10) 길이 아니면 가지를 마라.

이 원칙은 《탈무드》가 지향하는 가치와 상통하는 부분이 많다. 유대인의 부의 역사는 《탈무드》의 영향력을 많이 받았다.

부자가 되고 싶은 당신에게
"탈무드로 비즈니스 지혜를 키워라."

신용이
가장 큰 장사 밑천

한 랍비가 땅을 사려고 땅 주인과 가격을 흥정했다. 결국 적당한 값으로 흥정을 마치고는 며칠 후에 돈을 지불하기로 약속했다. 그런데 그사이에 다른 랍비가 나타나 땅 주인에게 돈을 내고 그 땅을 사버렸다. 첫 번째 랍비가 두 번째 랍비에게 찾아가 이야기했다.

"어떤 사람이 과자를 사려고 제과점에 갔소. 그는 자신이 원하는 과자를 발견하고 그것을 사려고 이리저리 살피고 있었소. 그런데 뒤에 온 사람이 먼저 계산대에서 그 값을 지불하더니 과자를 가져가 버렸소. 만일 당신이 먼저 와서 과자를 살피던 사람이라면 어떻게 하겠소?"

"과자를 새치기하다니 안 될 일이오. 그 사람은 틀림없이 나쁜 사람입니다."

"당신이 이번에 산 땅은 내가 먼저 흥정을 마친 땅이오. 내가 사려고 했던 것인데 당신이 먼저 값을 지불하고 가로챈 것이오. 당신은 그것이 정당하다고 생각하오?"

비즈니스의 윤리, 즉 상도덕에 대한 《탈무드》의 가르침을 압축해

주는 이야기이다. 흥정을 하고 가격을 정하는 일련의 과정은 상거래에서 매우 중요한 과정인데, 그 과정에 전혀 참여하지 않은 사람이 그렇게 정해진 가격으로 물건을 새치기하는 행위는 상도덕에 어긋나는 파렴치한 행위임을 가르치고 있다. 이를 확대하면 남의 사업아이템이나 아이디어를 도용하는 행위도 상도덕에 어긋나는 파렴치한 행동이다.

유대인은 거래에서 신용을 매우 중시한다. 심지어 비즈니스의 생명은 신용에 있다고 믿을 정도다. 신용을 잃으면 모든 것을 잃는 것이라고 생각하기 때문이다.

신용이야말로 유대인 장사의 확실한 밑천이다. 유대인이 신용을얻기 위한 첫 번째 노력은 상도덕을 어기지 않는 것이고, 두 번째 노력은 약속을 철저히 지키는 것이다.

유대인을 흔히 계약민족이라고 하는데, 하나님과 약속을 맺은 민족이라는 뜻이다. 그들은 어떤 어려움과 고난이 닥쳐도 하나님과 약속한 내용을 반드시 이행해야 한다고 생각한다. 그러면 하나님도 그들과 약속한 모든 축복을 이루어줄 것이기 때문이다.

신과의 계약, 즉 약속에 대한 개념은 비즈니스에서도 고스란히 이어진다. 그래서 유대인은 비즈니스에서 계약한 내용을 정확히 이행하는 것을 당연하게 여긴다. 철저한 계약 준수로 그들은 신용을 얻고 비즈니스에서 유리한 입장이 된다.

지금은 신용 시대다. 돈을 빌리려고 해도, 신용카드를 개설하려고 해도, 사소한 거래를 하려고 해도 개인의 신용도를 철저히 따지는 세상이다. 믿을 수 없는 사람과 비즈니스를 하려는 사람은 없다. 공과금, 대출이자, 핸드폰 요금을 연체하지 않으려는 것도 자신의 신용을 잘 관리해 믿을 수 있는 사람이 되기 위함이다.

신용은 정당하게 상도덕을 지키고 계약 내용을 철저히 이행할 때 얻을 수 있다는 것을 유대인에게서 배우기를 바란다.

✡

유능한 비즈니스맨을 꿈꾸는 당신에게
"어떤 경우에도 신용을 잃지 말라."

타이밍을 놓치지 않는
과감함

세상에는 지나치게 많이 넣어서는 안 되는 것 세 가지가 있다. 빵의 이스트, 소금, 망설임이 그것이다.

《탈무드》의 이 문장에서 비즈니스하는 사람이 눈여겨보아야 할 단어는 '망설임'이다. 판단이 섰을 때 망설이면 손해를 보기 쉬운 이치를 말해주고 있다. 망설임은 특히 '투자'에서 경계해야 할 자세다. 유대인은 투자에서도 두각을 나타낸다.

대표적으로 주식투자의 귀재라고 불리는 워런 버핏이 있다. 유대 인인 그는 2022년 블룸버그 통신이 발표한 세계 부자 순위에서 5위 를 기록했다. 미국의 부자 순위에선 거의 매년 3위 안에 든다. 워런 버핏은 투자 대상을 따질 때는 매우 신중하지만, 이거다 싶으면 망 설이지 않고 과감하게 투자하는 방식으로 유명하다.

거물급 부자들을 보면 공통적으로 위험을 무릅쓰는 높은 도전 정신을 발견할 수 있다. 남들이 주저할 때 자신의 판단을 믿고 과감 하게 도전한다.

비즈니스도 투자도 타이밍이다. 타이밍을 놓치지 않으려면 시대의 흐름을 읽는 안목과 사람 보는 눈이 필요하다. 지금은 보잘것없지만, 앞으로 유망하게 될 것임을 알아보는 눈이 있어야 돈을 번다.

반대로 지금은 잘나가는 것 같지만, 곧 망하게 될 사업 또는 사람 을 선택하면 큰 낭패다. 유대인은 어려서부터 《탈무드》를 공부하며 그런 것을 볼 줄 아는 안목과 지혜를 쌓기 때문에 비즈니스에서 성 공할 확률이 높은 것이다.

영화계는 성공과 실패를 장담할 수 없을 정도로 불안한 곳이다. 한번 성공하면 막대한 부를 얻지만 실패하면 엄청난 손실을 떠안는 곳이 영화계다. 그런 영화계를 주름잡는 사람들도 대부분 유대인이다. 시장의 흐름과 관객의 니즈(needs), 제작자의 수완을 읽어내는 탁월한 능력을 갖춘 유대인이 많다.

유대인들은 어떤 제작자와 영화에 투자를 집중해야 할지 매의 눈으로 읽어내고 과감하게 투자한다. 그래서 영화계에서 성공한 유대인이 많은 것이다. 7개 메이저 영화사 중 6개가 유대인이 창업한 것이니 그들의 능력은 증명된 셈이다.

유대인이 비즈니스계에서 강자가 될 수 있는 요인을 상세히 분석한 《유대인 생각공부》라는 책이 있다. 많은 독자의 사랑을 받은 이 책은 "부자가 되는 첫걸음은 생각이다"라는 첫 번째 챕터에서 다음과 같은 이야기를 한다.

> 당신이 누구든, 나이가 몇이든, 지금 어떤 상황에 처해 있든, 학력이 높든 낮든, 그런 것들은 아무 문제가 되지 않는다. 오직 한 가지, 적극적으로 생각하기만 하면 당신도 돈을 벌어 가난에서 벗어날 수 있다.
>
> – 《유대인 생각공부》 쑤린 저 권용중 역 마일스톤

돈을 버는 힘은 다른 데 있지 않고 적극적으로 생각하고 도전하는 데 있다는 이야기이다.

당신이 돈을 벌지 못하는 이유는 그 무엇도 아닌 망설임일 수 있

다. 돈을 벌고 싶다면 진심을 다해서 방법을 구하고, 과감하게 실행에 옮기는 자세가 필요하다. 구하고, 찾고, 두드리는 자에게 기회의 문은 열린다.

비즈니스 세계의 강자가 되고 싶은 당신에게
"망설이지 말고 적극적으로 도전하라."

유대인의
돈에 대한 철학

숙명 같은 가난을
지혜로 극복하다

한 제자가 랍비에게 물었다.

"부자와 현인 중 어느 쪽이 위대합니까?"

"그야 말할 것도 없이 현인이지."

다른 제자가 물었다.

"그런데 부자의 집에는 학자나 현인들이 드나드는데, 왜 현인의 집에는 부자가 드나들지 않을까요?"

"현인은 현명해서 돈이 필요하다는 사실을 잘 알지. 그러나 부자는 그저 돈만 많을 뿐, 현인에게서 지혜를 배워야 한다는 걸 몰라서 그렇지.”

현명한 사람은 돈의 필요성을 알지만, 부자는 지혜의 필요성을 모른다. 즉 돈도 지혜도 다 필요하지만, 돈보다는 지혜가 더 위대하다는 가르침이다. 지혜가 있다면 큰돈도 벌 수 있다.

유대인들은 부자가 되는 것보다 한번 거머쥔 부를 잃어버리지 않는 것을 더 중시했다. 부를 잃어버리지 않으려면 지혜가 필요하다. 지혜가 있으면 돈의 흐름을 꿰뚫어볼 수 있고 계속해서 부자로 남을 수 있다. 그래서 부자보다 현인이 더 위대하다.

유대인 하면 '노벨상'과 더불어 '부자'라는 키워드가 연결된다. 미국의 석유 사업가 존 록펠러, 마이크로소프트 창업자 빌 게이츠도 유대인이다. 미국의 경제 대통령이라고 불리는 미연방준비제도이사회 의장은 4회 연속 유대인이 차지했다. 노벨 경제학상 수상자의 42%가 유대인이며 구글, 페이스북, 델, 인텔, 스타벅스, 던킨도너츠의 창립자도 유대인이다. 이 밖에도 많은 유대인이 세계 경제를 쥐락펴락하는 위치에 있다. 그 비결을 하나씩 찾아보자.

우선, 유대인의 역사에서 그 실마리를 찾을 수 있다. 서기 70년 나라가 멸망한 뒤 1948년 이스라엘이 재건되기까지 그들은 세계를 방랑했다. 11~13세기 십자군 전쟁기에 유대인은 서유럽을 중심으로 무차별 학살을 당했다. 그 후 18세기 무렵까지는 종교 차별로 인해 게토라는 분리 구역에 강제 이주해 살았다. 게토에서는 토지를 소유할 수도, 정규직으로 취직할 수도 없었다. 20세기에는 나치의 유대인 말살 정책으로 인해 목숨을 부지하는 것 자체가 어려웠다.

이런 시련 가운데 유대인에게 가난은 숙명이었고 생존 자체가 힘겨운 도전이었다. 생존을 위해 실낱같은 틈만 보이면 비집고 들어가야 했던 유대인에게 '공기 인간'이라는 별명이 생긴 건 그래서였다. 공기가 들어갈 틈새만 있어도 비집고 들어가 생존하는 능력을 지녔다고 해서 붙인 이름이다. 다른 한편, 유대인은 공기처럼 필요한 존재가 되어야만 살아남을 수 있었다.

토지 소유도 안 돼, 정규직 취직도 안 돼. 유대인이 가난에서 벗어나는 길은 장사밖에 없었다. 사업은 결코 만만한 길이 아니다. 고도의 수완과 창의력 같은 지혜가 요구된다. 유대인 창업의 지혜는 당연히 《탈무드》에서 나왔다. 그렇게 그들은 기회 포착의 달인, 상술의 천재가 되어갔다.

13세 때부터
시작되는 투자 경험

사람을 해롭게 하는 세 가지가 있는데 근심, 말다툼, 빈 지갑이 그것이다. 그중에서 가장 큰 상처를 입히는 것은 빈 지갑이다. 육체의 모든 부분은 마음에 의지하고, 마음은 돈지갑에 의지하기 때문이다. 돈은 하나님이 장만해놓은 선물을 살 기회를 준다. 돈은 나쁜 것도 저주스러운 것도 아니다. 돈은 사람을 축복해주는 물건이다.

《탈무드》는 돈에 관해 명확히 정의하는데, 돈은 나쁜 것이 아니고 사람을 축복해주는 물건이라고 한다. 유대인에게 돈 자체는 선도 악도 아니다. 돈은 하나님이 마련해주신 선물을 살 수 있는 수단이다. 비슷한 이야기로 "돈은 무자비한 주인이기는 하지만 유익한 심부름 꾼이 되기도 한다."라는 《탈무드》의 문장도 있다.

《탈무드》는 돈이 없으면 어떤 대우를 받게 되는지, 돈이 있으면 어떤 이점이 있는지를 명확히 가르쳐준다. 유대인들은 《탈무드》를 읽으며 어린 시절부터 자연스럽게 돈에 관해 토론하고 논쟁한다. 그러면서 돈의 의미와 가치를 정립해 나간다. 돈을 탐욕과 동일시하며 돈에 관해 대놓고 이야기하는 것을 금기시하는 동양의 문화와는 많이 다르다.

유대인들은 어려서부터 체계적으로 경제 교육을 받는다. 아기에게는 생애 첫 장난감으로 저금통을 선물한다. 걸음마를 떼기 전부터 동전을 쥐여주고 저금통에 넣는 습관을 길러준다. 돈에 대한 개념이 생기면 용돈을 주고 스스로 관리하도록 한다. 이때 용돈의 목적은 소비가 아니라 저축이다.

유대인은 남자는 13세, 여자는 12세에 성인식을 치른다. 유대인의 성인식은 자주적인 삶을 살기 위한 독립 의식인 동시에, 곧 시작될 경제적인 독립의 준비 단계에 해당한다. 성인식에서 가족과 친척들 및 축하객은 축의금을 내는데 축하객은 보통 미화 200달러 정도, 가까운 친척은 좀 더 많은 돈을 낸다. 성인식 축의금 합계가 보통 수천만 원에 달하며 많게는 억 단위라고 한다.

성인식 때 받은 돈은 은행에 넣어두거나 채권, 주식, 펀드 같은 각종 자산에 투자한다. 즉 유대인은 13세 무렵부터 본격적으로 재테크를 시작하는 것이다. 재테크라면 평생 문외한이 많은 우리와는 출발선 자체가 다르다. 돈이라면 유대인을 감히 따를 자가 없을 법도 하다.

대학을 졸업해 실질적으로 사회생활을 하게 되는 20대 중반 무렵, 유대인들은 그동안 모아둔 돈으로 사업을 할지 취직을 할지 선택하게 된다.

20대 중반의 우리 청년들은 어떤 모습일까? 아마도 학자금 대출을 갚느라 허덕이는 사회 초년생이 많을 것이다. 돈에 대해 제대로 알기 전부터 돈에 얽매인다니 참으로 안타까운 현실이다.

✡

큰돈을 벌고 싶은 당신에게
"돈에 대한 올바른 생각부터 정립하라."

부자든 빈자든
모두 가난한 존재

두 사람이 랍비에게 상담하고자 찾아갔다. 한 사람은 그 도시에서 제일가는 부자이며, 다른 사람은 가난한 사람이었다. 두 사람은 대기실에서 기다리고 있었다. 좀 더 일찍 온 부자가 먼저 랍비의 방으로 들어갔고 한 시간이 지나서 나왔다. 다음에 가난한 사람이 방으로 들어갔는데, 그와의 면담은 5분으로 끝났다. 가난한 사람은 언짢은 생각이 들어 랍비에게 항의했다.

"부자와의 면담은 한 시간이나 걸렸습니다. 그런데 저는 5분밖에 안 걸렸군요. 이게 공평한 일인가요?"

"진정하세요. 당신은 자신의 가난함을 알고 있었지만, 부자는 자신이 가난하다는 것을 알기까지 한 시간이나 걸렸답니다."

모든 사람이 자신의 가난함을 알아야 한다는 《탈무드》의 가르침이다. 가난한 자야 당연히 자신의 가난함을 알지만, 부자는 어떻게 자신이 가난하다고 생각할까?

이 이야기에 많은 사람이 갸우뚱할 수 있지만, 이 역시 돈에 대한 유대인의 생각을 잘 나타내주고 있다. 여기서 가난함은 마음의 가난함을 뜻한다. 마음이 가난하다는 것은 하나님께 자기 마음을 내놓는다는 뜻이다.

《탈무드》는 사람을 존재하게 한 분은 하나님이므로 자기 마음의 주인이 하나님임을 인정하라고 가르친다. 반대로 마음이 가난하지 않은 사람은 하나님이 자신의 주인임을 인정하지 않고 돈을 주인으로 삼는다. 즉 돈의 노예가 되는 것이다.

돈의 노예가
되지 않는다

문제는 부자가 마음이 가난해지기 쉽지 않다는 것이다. 부자는 돈의 노예가 되기 쉽다. 앞의 예화는 그 점을 지적하고 있다. 많은 사람이 부자가 되길 소망하지만, 부자가 되려는 소망만큼 돈을 유익한 심부름꾼으로 사용하겠다는 소망을 품으라는 이야기이다.

유대인은 어려서부터 경제 교육을 철저히 받는데, 그 목적은 돈을 잘 다스리기 위한 것이다. 돈이 많다고 다 유익한 것은 아니고 잘못 다스리면 차라리 없는 것만 못하기 때문이다. 유대인들은 어려서부터 돈에 대한 가치관을 분명히 세우고 돈을 자신의 유익한 심부름꾼이 되게 한다.

자신이 살아가는 시대의 주류를 형성하는 공통된 가치관을 '보편적 가치관'이라고 한다. 이에 비해 민족이나 개인이 고유하게 지닐 수 있는 가치관을 '고유한 가치관'이라 할 수 있다. 인류를 관통하는 보편적 가치관으로는 인간의 존엄성, 자유, 평등, 평화, 책임 등이 있다. 세계를 주도하는 기업이나 기관은 대부분 이런 보편적 가치를 중심으로 일을 한다.

유대인은 어떤 일이 있어도 자신들의 고유한 가치를 잃지 않고자 했다. 2천 년 넘게 나라 없이 전 세계 각지에 뿔뿔이 흩어져 살았지만, 언제 어디서 살건 그들은 유대인이라는 정체성을 잃지 않고 고유한 가치를 지켜내려고 했다. 그것은 지금도 마찬가지다.

각계각층에서 세계를 주도하고 있는 유대인들은 그 고유한 가치 위에 보편적 가치관을 덧입힌 사람들이라 할 수 있다. 빌 게이츠는 마이크로소프트사 창립 목적을 "온 세계 사람과 기업의 잠재력을 돕기 위해서"라고 말했다. 마크 저커버그는 페이스북 창립 목적을 "세상을 지금보다 더 열린 사회로 만들기 위해서"라고 했다. 래리 페이지는 구글의 창립 목적을 "세상의 정보를 모두에게 유익하게 만들기 위해서"라고 했다.

이 유대인 사업가들의 공통점은 보편적 가치관을 토대로 기업을 일으켰다는 것이다. 보편적 가치관을 중심으로 번 돈을 유익한 심부름꾼으로 만들어 세상에 선한 영향을 끼쳐야 한다는 《탈무드》의 가르침을 실천하고자 했다.

유대인 격언에 "돈은 유능한 하인이다. 돈의 주인이 되어라. 돈의 노예가 되어서는 안 된다. 돈은 주인이 되면 횡포하기 짝이 없다."라는 말이 있다. 돈을 주인으로 삼다가는 큰일난다는 경고다.

끝으로 랍비 마빈 토케이어의 돈에 관한 가르침을 기억하자.

> 돈은 더러운 것도 아름다운 것도 아니며, 그저 유용한 도구이므로 가능하면 많이 가지는 것이 좋다. 그러나 돈을 숭배해서는 안 된다. 돈을 숭배하는 자가 우습게 보이는 것은, 그가 숭배하고 있는 대상이 물질이기 때문이다. 돈의 선악은 돈의 주인인 인간이 결정하는 것이다.

✡
부자가 되길 소망하는 당신에게
"돈의 노예가 되지 말고 돈을 잘 부려라."

공평한 저울
엄격한 계량

《탈무드》가 처음 만들어진 시대부터 유대 사회에는 계량 감독관이 존재했다. 토지를 측량하는 줄자는 계절에 따라 달랐다. 날씨에 따라 줄자가 늘어나기도 하고 줄어들기도 해서 그렇다. 액체의 경우, 용기 안쪽에 이전의 잔여물이 남지 않도록 용기 밑부분을 깨끗이 닦도록 엄격히 감독했다.

《탈무드》는 상인이 해서는 안 되는 일을 세 가지로 규정하고 있는데 과대선전, 매점매석, 저울을 속이는 일이 그것이다. 《탈무드》의 이 문장은 특히 정확한 계량을 중시하고 있다.

유대인은 계량 감독관을 두었고, 측량하는 자도 날씨별로 다른 것을 썼다. 기후 변화의 미묘한 차이에 따라 늘었다 줄었다 하는 줄자의 특성에 따라 그 간격을 세밀하게 조정한 것이다. 심지어 액체 상품은 용기에 남아있는 잔여물 때문에 용량이 줄어들 수도 있으니,

용기에 먼지 한 톨도 남기지 않도록 엄격히 관리했다. 이는 기존 액체가 불순물로 남지 않도록 예방하는 효과도 있었다.

이외에도 《탈무드》는 구매자와 판매자 모두를 보호하기 위한 상도덕을 구체적으로 명시하고 있다. 핵심은 상거래에서도 정직하라는 것이다.

> 구매자는 물건을 사고 하루에서 일주일까지 그것을 다른 사람에게 보여 의견을 들을 수 있도록 했다. 구매자가 그 물건에 대한 지식이 전혀 없는 경우, 과연 그 물건이 제대로인지 올바른 판단을 할 수 있는 기간을 주는 것이다. 판매자가 계량을 잘못하거나 계산을 잘못했을 때 구매자는 잘못된 부분을 바로잡도록 판매자에게 요구할 권리가 있었다.
> 판매자를 보호하는 대책도 있었다. 첫째, 구매자는 물건을 살 의사가 없으면서 흥정을 해서는 안 된다. 둘째, 다른 사람이 먼저 구매할 의사를 가지고 흥정하고 있는데 거기에 끼어들어서 물건을 가로채서는 안 된다.

《탈무드》는 구매자와 판매자를 모두 보호하는 상도덕에 관해 이처럼 구체적으로 규정하고 있다. 구매자는 물건을 산 뒤 일주일까지 환불을 요청할 권리가 있는 한편, 물건을 살 의사가 없는데도 흥정하거나 남이 흥정하고 있는 물건을 중간에 가로채서는 안 된다. 이런 상도덕의 핵심은 정직이다. 잘못된 물건을 팔아서도 안 되고 정직하지 않은 방법으로 물건을 사서도 안 된다는 것이다.

《탈무드》가 이토록 상거래의 정직을 강조한 것은 돈에 대한 탐욕을 경계했기 때문이다. 아무리 조심한다 해도 돈의 유혹에 넘어가지 않기란 쉽지 않으니 말이다.

정직해야
더 많이 번다

'유대인' 하면 많은 사람이 악덕 상인의 이미지를 떠올린다. 그들은 민족적으로 심각한 위기를 많이 겪으면서 생존조차 보장받을 수 없을 만큼 살길이 막막한 시간들을 보냈다. 합법적으로 땅을 사는 것도 어려웠고 정규직으로 취직하기도 어려웠다. 그러다 보니 무조건 악착같이 돈을 모아야 했고, 그 악착스러움이 유대인의 생존 방식이자 문화가 되었다. 돈이 있어야 사람들에게 대우받고 생명을 부지할 수 있었으니 당연한 일이었는지도 모른다.

어쩌면 돈에 악착스러운 유대인 상인들을 '악덕'으로 묘사하는 것도 무리는 아닐 것이다. 셰익스피어가 《베니스의 상인》에서 유대 고리대금업자 샤일록을 피도 눈물도 없는 사람으로 그린 것은 그 같은 사회상의 일면이었을 것이다.

그 어떤 민족보다 돈을 악착같이 벌어야 했던 유대인이지만, 그들은 《탈무드》의 가르침을 떠올리며 정직을 지켜내고자 했을 것이다.

정직하지 않게 장사하면 더 많은 이익을 볼 수 있다. 그러나 부도덕한 상술이 들통나는 날에는 그것으로 끝이다. 더는 시장에 발도 못 붙일 것이다. 유대인들은 경험상 그런 사실을 잘 알았을 것이다.

유대인들은 훗날 하나님 앞에 섰을 때 "당신은 정직하게 장사를 했습니까?"라는 질문에 대한 답을 늘 준비해야 했다.

유대인들은 하나님을 두려워하고 그분께 인정받는 것을 가장 큰 축복으로 여긴다. 유대인들이 613개나 되는 율법을 지키기 위해 노력하고, 《토라》와 《탈무드》로 신앙 교육을 하는 것 역시 하나님께 인정받기 위함이다. 평생을 배움에 정진한 것도 하나님 앞에 섰을 때 인정받고 칭찬받기 위함이다. 그런데 그 자리에서 정직하게 장사를 했느냐는 질문에 제대로 답하지 못하면 어쩔 것인가?

사업가가 되려는 당신에게
"상도덕을 지키며 정직하게 장사하라."

고객의 권리 존중으로
부자가 되다

"장사하는 사람이 과대포장이나 과대선전 없이 곧이곧대로 물건을 팔아서야 어떻게 돈을 버나?"라며 잘난 체하는 사람이 있을 것이다. 그러나 정말 정직하게 장사해서 거부가 된 사람들도 많다. 이른바 "백화점 왕"이라 불리는 미국의 존 워너메이커도 그런 경우다.

존 워너메이커는 가난한 벽돌공의 아들로 태어나 최종 학력이 초등학교 2학년뿐이었다. 그러나 그는 훗날 미국 최초로 백화점을 설립해 600개 이상의 지점을 운영하는 대 사업가로 변신한다. 대체 어떻게 했길래 그런 인생역전을 이룬 것일까?

14세에 서점 직원으로 사회에 첫발을 내디딘 그는 가난했지만 성실하고 정직했다. 그는 성실과 정직을 자본 삼아 1861년 23세 때 남성복 매장을 창업하게 되는데, 사업 방식이 당시로써는 매우 획기적이었다. 즉, '고객의 권리'를 만들어 고객을 왕으로 섬기는 자세로 사업을 했다. 당시 존 워너메이커가 정한 비즈니스 원칙은 다음과 같았다.

1. 정가판매제도를 실시한다.
2. 상품에 품질표시를 하여 소비자의 알 권리를 돕는다.

3. 반드시 현금거래를 한다. 외상거래는 하지 않는다.

4. 구매자가 원하면 언제라도 반품 및 교환할 수 있다.

1860년대 미국의 의류업계에서는 상품에 가격을 표시하지 않는 것이 일반적이었다. 워낙 유통 시장이 부패해서 물건을 사고파는 사람들이 서로를 믿지 못하던 시대였다. 판매자는 자기 마음대로 가격을 정해 팔았다. 고객들은 판매자를 믿지 못하니 부르는 값을 무시하고 늘 가격을 터무니없이 흥정했다.

존 워너메이커는 그런 장사법이 정직하지 못하다고 생각하고는 정찰제를 처음 시작했다. 소비자가 가격을 신뢰하고 상품을 구매할 수 있도록 정직한 상거래 문화를 만들었다. 그는 더 나아가 구매한 물건이 마음에 들지 않으면 백 퍼센트 환불해주는 제도를 도입했다. 물건을 한번 사면 그것으로 끝이던 당시로써 이는 매우 파격적인 서비스였다. 한번 산 물건을 교환해주거나 반품해주는 일이 전에는 없었다.

이외에도 존 워너메이커는 정당하지 않은 비즈니스 관행들을 차츰 개선해 나갔다. 그렇게 정직하게 운영하다가 손해만 볼 것이라는 주변 사람들의 걱정에도 그는 흔들리지 않고 자신의 원칙을 지켰다. 결국, 손님들은 그의 정직한 비즈니스 방식을 신뢰했고 그의 사업도 점점 번창했다. 뉴욕에 워너메이커 백화점을 세울 만큼 그는 큰 부자가 되었다.

워너메이커는 상품 광고를 할 때도 정직을 강조했다. "고객에게 상품을 설명할 때는 있는 그대로 솔직하게 말하고, 상품의 가치만큼 정당하게 판매하라."라고 직원들을 교육했다.

넥타이 판매가 저조하자 마케팅 부서의 한 직원이 이런 광고 문구를 만들었다. "1달러짜리 최고급 멋진 넥타이를 25센트에 구입하세요!"

존 워너메이커가 그 직원에게 물었다.

"당신 보기에 정말 그렇게 멋진 넥타이인가요?"

"아뇨. 솔직히 아주 멋져 보이지는 않습니다."

직원은 웃으면서 다음과 같이 광고 문구를 고쳤다.

"25센트로 파격 세일! 1달러 최고급 넥타이! 멋이 쪼금 안 나서."

그러자 넥타이 판매가 급증했다. 애초에 재고 떨이용이었으나 수량이 부족해서 추가 제작에 들어갔다. 이처럼 워너메이커는 정직을 무기로 장사에서 큰 성공을 거두었다.

비즈니스 원칙이 필요한 당신에게
"다른 무엇보다 정직을 중요시하라."

자신이 생각해도
떳떳한 부자가 돼라

날마다 산에서 나무를 져다가 먼 장터에 내다 파는 나무꾼이 있었다. 무거운 나무를 지게에 지고 먼 거리를 걸어 다니는 시간이 너무 많이 걸렸다. 그래서 그는 교통수단으로 장터에서 당나귀 한 마리를 샀다. 냇가에서 그 당나귀를 씻기려는데, 갈기에서 다이아몬드가 하나 떨어졌다. 나무꾼은 그 다이아몬드를 들고 장터에 달려가 얼른 상인에게 돌려주었다. 그러자 상인이 말했다.

"당신이 그 당나귀를 샀고, 다이아몬드는 그 당나귀에 붙어 있었는데 굳이 돌려줄 필요가 있나요?"

"아뇨. 나는 당나귀를 샀지 다이아몬드를 산 적은 없소. 내가 산 물건만 가지는 것이 정당한 일이오."

나무꾼은 모른 척하고 당나귀에 붙은 다이아몬드를 챙길 수도 있었다. 하지만 그는 그렇지 않았고 그 다이아몬드를 재빨리 상인에게 돌려주었다. 상인도 좋다고 덥석 다이아몬드를 받지 않고는 그것이 나무꾼의 것이라고 이야기한다.

나무꾼과 상인이 서로 다이아몬드를 가져가라고 양보하는 장면은 마치 하브루타로 무엇이 가장 정직한 해결책인지 토론하는 장면을 연상케 한다.

《탈무드》는 정직한 장사를 강조하는 동시에, 다른 사람을 유혹해 정직하지 않도록 만드는 것은 금하고 있다

> 어머니가 자물쇠로 문을 잠갔다. 이를 지켜보던 어린 아들이 물었다. "나쁜 사람이 들어올까 봐 잠그는 거예요?"
> "아니란다. 정직한 사람을 위해 잠근 것이란다. 문이 열려 있으면 정직한 사람이라도 유혹을 받을 수 있기 때문이지."

견물생심(見物生心)이라고, 눈으로 보면 가지고 싶은 마음이 굴뚝같아진다. 이 이야기는 그런 마음조차 생기지 않도록 빌미를 제공하지 말라고 가르치고 있다. 남을 정직하지 못하게 유혹하는 것도 죄라는 뜻이다.

> 정직한 자는 자기의 욕망을 조종하지만, 정직하지 않은 자는 욕망에 조종당한다.

정직은 자신의 욕망을 잘 다스려야만 생기는 덕목이다. 탐욕, 이기심, 교만 같은 욕망이 있으면 정직하기가 어렵다. 남들이 보는 앞에

서야 정직한 척할 수 있지만, 아무도 보지 않을 때조차 정직하기란 쉬운 일이 아니다. 혼자 있을 때도 정직한 사람이 진짜 정직한 사람이다. 따라서 진짜 정직한지 아닌지는 자신만이 알 수 있다.

이탈리아의 대표적인 건축가이자 화가인 미켈란젤로의 작품 중에 600평방미터에 달하는 거대한 시스티나성당 천장벽화가 있다. 그는 그 천장벽화를 그릴 때 천장 높이까지 올라가 받침대에 누운 채로 천장 구석에 있는 인물 하나까지 정성스럽게 그렸다고 한다. 그렇게 고생하는 미켈란젤로가 안쓰러웠는지 한 친구가 다가와 말했다.

"여보게. 거긴 구석져서 뭐가 있는지 보이지도 않는다네. 왜 그런 고생을 하면서 그리고 있나? 거기까지 완벽하게 그려졌는지 누가 알 수 있단 말인가?"

미켈란젤로가 말했다.

"내가 알지."

정직한지 아닌지 자기 자신은 안다. 스스로도 부끄럽지 않아야 진짜 정직한 것이다.

✡

정직한 사람이 되고 싶은 당신에게
"혼자 있을 때조차 정직함을 잃지 말라."

부자이면서도
기부왕인 유대인

돈이 많으면
자기만 보인다

한 유대인이 랍비에게 물었다.

"랍비님! 아무리 생각해도 모를 일이 있습니다. 가난한 사람들은 아무리 없이 살아도 서로 도우며 사는데, 부자들은 여유가 있는데도 도와주지 않고 있습니다. 왜 그럴까요?"

랍비가 말했다.

"창밖을 보십시오. 무엇이 보입니까?"

"어떤 사람이 아이의 손을 잡고 걸어가고 있군요. 그리고 시장으로 자동차 한 대가 들어가고 있습니다."

"이제 벽에 걸린 거울을 보세요. 무엇이 보입니까?"

"제 얼굴밖에 안 보이는데요."

"거울이나 창이나 모두 유리이지만, 유리에다 은을 칠하면 자기만 보이지요. 마찬가지로, 금은보화를 소유하면 다른 사람이 보이지 않는 법입니다."

창문의 유리는 창 너머의 풍경을 보여주지만, 거울의 유리는 유리 너머의 것을 보여주지 않는다. 거울의 유리에 은이 칠해져서 그렇다. 《탈무드》는 거울의 유리에 칠해진 은을 금은보화에 비유하면서 돈을 많이 소유하고 있으면 자기밖에 보이지 않는다고 이야기한다.

돈은 사람을 자기중심적이고 이기적인 존재로 만드는 특성이 있으므로, 돈을 많이 소유할수록 자신에게서 시선을 돌려 세상과 가난한 사람들을 바라보라는 가르침이다. 이런 가르침에 따라 유대인은 가난한 사람들을 돕는 일에 힘쓴다.

다 함께 잘 사는 사회를 꿈꾸는 당신에게
"자기 자산을 흘려 보내는 데 앞장서라."

많이 벌고
많이 돌려주라

돈과 거름은 쌓아두면 악취가 난다.

유대인은 돈을 많이 버는 것뿐만 아니라, 그 돈을 사회에 환원하는 것 또한 중요하게 여긴다. 돈 버는 목적이 돈을 움켜쥐는 것이 아닌 이웃에게 흘려 보내는 것이어야 한다는 《탈무드》의 가르침을 실천하고자 한다.

돈을 흘려 보내지 않는 것은 유대인들에게 신의 명령을 거역하는 죄에 해당한다. 유대인이 여러 세대를 거쳐 부를 이어갈 수 있는 것 또한 자신이 가진 재물을 이웃에게 흘려 보내는 문화 덕분이다.

유대인들은 재물뿐만 아니라 지식과 정보도 흘려 보내야 한다고 생각한다. 고급 정보가 있으면 어느 모임에서든지 아낌 없이 공유한다. 먼저 성공한 사람들은 후배들에게 지식과 정보뿐만 아니라, 성공을 위한 지혜 또한 전수한다. 가난한 사람에게는 스스로 일어설 수 있도록 방법을 가르쳐주고 기회를 제공한다. 그런 식으로 유대인 성공의 선순환 고리가 만들어진다. 유대인들이 세계 곳곳에 흩어져 살아도 민족의 도움을 받게 되는 것은 그런 까닭이다.

가장 안전한 보물창고는
하늘?

이스라엘에는 갈릴리호와 사해 두 개의 내해가 있다. 사해의 물은 염분 농도가 짙고 수온이 높아서 사람이 물속에 들어가도 가라앉지 않고 오히려 물에 뜬다. 사해의 염분 농도는 일반 바닷물의 10배가량 높다.

사해에는 물고기가 살지 않는다. 사해 주변에는 나무도 새도 없다. 사해에는 떠도는 공기마저 답답해 보인다. 사막에서 사는 동물들이 물을 마시러 나타나는 일도 없다. 그래서 죽음의 바다, '사해'라는 이름이 붙었다.

반대로 갈릴리호는 담수여서 많은 물고기가 산다. 해안에는 많은 수목이 수면 위로 가지를 뻗고 있어서 새들이 모여 지저귀는 활기찬 풍경을 만들어낸다. 갈릴리호를 생명의 바다라고도 하는 이유이다.

사해는 물이 밖에서 들어오기만 할 뿐 밖으로 나가지는 않는 닫힌 바다다. 갈릴리호는 물이 한 쪽에서 들어오고 다른 쪽으로 나가는 열린 바다이다. 그래서 유대의 현인들은 갈릴리호가 항상 신선한 것은 받아들인 만큼 흘려 보내기 때문이고, 사해에 물고기가 살 수 없는 것은 들어오는 모든 물을 움켜쥐기 때문이라고 보았다.

사람도 마찬가지다. 돈을 움켜쥐기만 하고 흘려 보내지 않는 사람은 사해처럼 생명이 없는 사람이다. 반대로 자신의 돈을 흘려 보내며 이웃을 돕는 사람은 갈릴리호처럼 생명이 있는 사람이다.

《탈무드》는 이스라엘의 사해와 갈릴리호를 대조함으로써 무엇이든 흘려 보내지 않으면 썩는 이치를 가르쳐주고 있다. "보물을 땅에 쌓아두지 말라."라는 성경 구절이 있다. "땅에서는 좀먹고 녹슬어 못 쓰게 되고 도둑이 들어와 훔쳐 가기" 때문이란다.

금융기관이 발달하지 않았던 과거에는 땅이나 방바닥 혹은 집 천장에 돈이나 금은보화를 묻어두는 일이 흔했다. 부자의 창고에는 곡식이 두둑이 쌓여있었다. 그렇게 묻어둔 돈에는 푸르스름한 녹이 슬고 창고의 곡식은 벌레들의 먹잇감이 되었다. 도둑들도 호시탐탐 부자들의 곳간을 노렸다. 도둑을 지키려는 부자의 마음은 항상 불안하기만 했다.

그래서 성경은 보물을 땅에 쌓아두지 말고 하늘에 쌓아두라고 한다. 보물을 하늘에 쌓아둔다는 것은 보물이 필요한 사람에게 흘러가도록 적극적으로 노력한다는 것을 의미한다.

졸부에서 진짜 갑부가 된
록펠러

미국의 석유회사 오하이오 스탠더드 오일을 설립한 록펠러는 사업수단이 좋은 유대인이었다. 돈이 되는 일이라면 무엇이든지 했다. 무자비한 기업 인수로 경쟁사들을 닥치는 대로 사들였고, 이윤을 투자해 거대 자본을 만들었다. 게다가 석유뿐만 아니라 철강, 철도, 일반 생활소비재 시장까지 독점하며 독점금지법을 위반하기도 했다.

한때 미국에서 생산되는 석유의 95%를 록펠러의 회사가 독점했다고 한다. 하지만 그의 회사는 악덕 기업이라는 꼬리표를 떼기 어려웠고 록펠러가 낸 기부금은 '더러운 돈'이라는 별칭을 얻었다.

그렇게 막대한 돈을 쌓아가던 록펠러는 어느 날 생각을 바꾸고 자선가로 변신하게 된다. 그 계기가 된 사건이 있었는데, 그가 55세 때 불치병에 걸린 일이었다. 의사는 그에게 일 년 이상 살기 힘들다는 최후통첩을 내렸다.

그 후 진료를 받기 위해 병원에 들어선 어느 날, 그날따라 록펠러의 눈에는 작은 액자 하나가 선명하게 들어왔다. 액자 안에는 다음과 같은 글귀가 적혀 있었다.

"주는 자가 받는 자보다 복을 많이 받는다."

그 글을 읽는 순간 록펠러는 온몸에 전율이 이는 것을 느꼈다. 남을 도와야겠다는 생각을 까맣게 잊고 살았던 지난날이 주마등처럼 지나갔다.

그런 생각에 잠기고 있는데, 갑자기 접수창구에서 작은 소동이 일어났다. 한 아주머니가 자신의 어린 딸이 치료받을 수 있도록 입원시켜 달라고 울며 애원하고 있었다. 사정을 들어보니 너무 가난해서 치료비가 없었던 그 아주머니와 소녀의 입원을 거부한 병원 측이 실랑이를 벌이고 있던 것이었다.

록펠러는 비서를 통해 몰래 소녀의 입원비를 지불하도록 했다. 훗날 소녀가 완치되었다는 말을 들은 록펠러는 이렇게 말했다고 한다. "나는 여태까지 살면서 이렇게 행복한 삶이 있는 줄 몰랐습니다."

그 후 그는 자선사업가로 변신했다. 록펠러재단, 교육재단, 의학연구소 등을 설립해 엄청난 재산을 선한 일에 썼다. 록펠러는 98세에 세상을 떠나는데, 임종 무렵 자신의 삶을 다음과 같이 회고했다.

"내 인생 전반기 55년은 쫓기며 살았지만, 후반기 43년은 행복하게 살았습니다."

록펠러의 기부 인생은 고스란히 후대에 전수되었다. 존 록펠러 2세는 평생 쓰고도 남을 재산을 물려받았지만, 언제나 올바른 곳에 소비했다. 그는 돈을 올바르게 사용할 수 있었던 이유를 다음과 같이 밝혔다.

"사람이 돈 때문에 행복을 얻는 것이 아니며, 행복은 단지 다른 사람을 도움으로써 얻을 수 있는 것이라는 아버지의 말씀을 잊지 않았습니다."

✡

돈으로 행복을 얻고 싶은 당신에게
"남을 돕는 일에 돈을 써라."

저커버그, 워런 버핏
기부왕 되다

여우 한 마리가 포도밭 둘레를 돌며 입맛을 다셨다. 울타리가 너무 촘촘해서 드나들기가 곤란했다. 어떻게든 포도밭 안으로 들어가려고 골똘히 궁리하던 여우는, 결국 사흘을 굶어 몸을 홀쭉하게 만든 뒤 울타리 사이를 비집고 들어갔다. 포도밭에 들어간 여우는 포도를 마음껏 먹고는 포도밭에서 나오려고 했으나 배가 불러 울타리 사이로 빠져나올 수가 없었다. 여우는 할 수 없이 또다시 사흘을 굶어 배를 홀쭉하게 만든 뒤 비로소 포도밭을 빠져나왔다. 여우는 혼자 중얼거렸다.
"들어갈 때나 나올 때나 배고픈 건 마찬가지로군."

인생도 이와 같다. 사람은 누구나 벌거숭이로 태어나 벌거숭이로 돌아간다. 사람은 죽어서 가족과 부귀와 선행, 이 세 가지를 남기고 가지만 선행 이외의 것은 그리 대단한 것이 못된다.

사람은 태어날 때 빈손으로 왔듯이 갈 때도 빈손으로 간다. 죽어서 하나님 앞에 설 때는 한 푼도 가져갈 수 없다는 사실을 유대인들은 알았다. 《탈무드》는 포도밭의 여우 이야기를 빌어 그 사실을 일깨워준다.

이 이야기에서 여우는 사람을, 포도밭은 사람이 추구하는 부, 명예, 권력 같은 것들을 의미한다. 포도밭으로 통하는 울타리 사이의 공간은 하나님이 이 땅을 살아가는 유대인에게 요구하는 사항이라 해석할 수 있다. 그 요구사항이 바로 선행이다.

유대인들은 사람이 부와 권력과 명예를 추구하는 존재로 창조된 게 아니고, 자신의 소유물을 이웃과 나누고 선행을 실천하며 살아가도록 창조되었다고 이해한다. 그래서 성공한 유대인 중에 기부를 생활화하는 사람이 많은 것이다.

2000년 '빌&멀린다 게이츠 재단'을 세워 기부문화에 앞장선 마이크로소프트사의 빌 게이츠, 자신이 창립한 페이스북 지분의 99%를 기부한 마크 저커버그 모두 부유한 유대인 사업가다. 저커버그는 기부에 앞장서게 된 동기를 다음과 같이 밝혔다.

"아이가 태어나니 이 아이가 살아갈 세상을 좀 더 좋은 곳으로 만들 수 있는 것들을 생각하게 되었어요. 미래가 현재와 같지 않도록, 미래가 현재보다 더 나은 세상이 되도록 여러 프로그램에 투자할 필요가 있다는 것을 느꼈어요."

투자의 대가 워런 버핏도 유명한 기부왕이다. 워런 버핏은 빌 게이츠가 설립한 재단에 거액을 기부했는데, 왜 본인이 직접 자선 재단을 만들지 않았느냐고 묻자 "빌 게이츠가 나보다 돈을 더 잘 흘려 보내는 방법을 알고 있기 때문입니다."라고 답했다.

아무리 부자라도 선행하지 않는 사람은 맛있는 요리를 차려 놓은 식탁에 소금이 없는 것과 같다.

사람들은 인생이라는 식탁을 풍성하게 꾸미기 위해 공부를 하고 일을 한다. 그러나 아무리 풍성한 음식도 소금을 뿌리지 않고는 맛을 낼 수 없듯이, 우리의 인생도 소금 같은 양념이 필요한데, 그 소금이 바로 선행이다. 당신의 인생 식탁에 얼마나 많은 소금이 뿌려져 있는가?

✡

인생을 풍성하게 만들고 싶은 당신에게
"가진 것을 나누며 선행을 베풀라."

갚을 수 없는 사람을
도우라

어느 날 한 남자가 왕에게 호출을 받았다. 그는 혹시 자신이 기억하지 못하는 죄가 있어 그런가 싶어서 혼자 가기가 두려웠다. 그래서 친구에게 함께 가달라고 부탁하자고 생각했다.

그에게는 세 친구가 있었다. 첫 번째 친구는 그가 매우 소중히 여기는 둘도 없는 죽마고우였다. 두 번째 친구 또한 그가 아끼는 친구였으나 첫 번째 친구만큼은 아니었다. 세 번째 친구는 그저 친구라고만 생각할 뿐, 별로 관심을 두지 않았다.

그는 첫 번째 친구에게 찾아가 사정을 이야기하고 왕에게 함께 가달라고 부탁했다. 그러나 첫 번째 친구는 딱 잘라 거절했다. "난 갈 수 없어."

두 번째 친구에게 부탁하자 그 친구는 "궁궐 대문까지는 가 줄 수 있지만 그 이상은 갈 수 없어."

세 번째 친구에게 부탁하자 그 친구는 흔쾌히 대답했다.

"물론 함께 가주고말고. 넌 아무 죄도 짓지 않았으니 두려워하지 마. 내가 너와 함께 가서 임금님께 잘 말씀드릴게."

***** *****

첫 번째 친구는 재산을 상징한다. 사람이 재산을 아무리 소중히 여기고 사랑한다 할지라도, 죽을 때는 고스란히 남겨두어야 한다. 두 번째 친구는 가족과 친척을 상징한다. 혈육은 무덤까지는 함께 따라가 주지만, 무덤 속까지 가줄 수는 없다.

세 번째 친구는 선행을 상징한다. 선행은 평소에 남의 눈길을 끌지 못하지만 죽은 뒤에도 영원히 남는다.

유대인에게 자선은 해도 되고 안 해도 되는 선택 사항이 아닌, 반드시 실천해야 하는 의무다. 히브리어로 자선을 '체다카(צדקה)'라 칭하는데 그들은 어려서부터 자선의 실천을 체계적으로 가르친다. 원래 체다카란 공의(righteousness)를 뜻하지만, 현대에 와서는 흔히 자선(charity)의 의미로 쓰인다.

그러나 무턱대고 도와주면 안 도와주는 것만 못하다. 어떻게 돕는게 진정한 의미의 자선인지 《탈무드》는 자세히 기술한다. 《탈무드》는 어려운 사람을 도울 때, 도움을 받는 사람의 입장도 충분히 배려하라고 가르친다.

사회적으로 저명한 두 사람이 길을 걷다가 거지를 만났다. 그 중 한 사람이 거지에게 돈을 주었다. 그러자 옆에 있던 사람이 말했다. "그렇게 사람들 보는 앞에서 돈을 주느니 차라리 안 주는 편이 좋았을 걸세."

또 남을 도울 때 대가를 바라지 말라고 가르친다. "너는 가난한 사람을 구제할 때 오른손이 하는 일을 왼손이 모르게 하라."라는 성경 구절처럼 자선은 아무도 모르게 해야 의미가 있다는 뜻이다.

환자가 문병을 받으면 병이 60분의 1쯤 낫는다. 그러나 60명이 한꺼번에 문병을 간다고 해서 환자의 병이 완쾌되는 것은 아니다. 죽은 사람의 무덤을 찾아가는 것은 가장 고상한 행위이다. 문병 간 사람은 환자가 나으면 감사받을 수 있지만, 죽은 사람에게는 아무런 인사도 받을 수 없기 때문이다.

나아가 남을 돕되, 도움을 갚을 수 없는 사람을 도와야 한다. 도움을 갚을 수 있는 사람을 돕는 것은 값싼 도움이며, 아무런 보답도 해줄 수 없는 사람을 돕는 것이 진정한 도움이라는 가르침을 《탈무드》는 죽은 사람을 돕는 것에 빗대고 있다. 죽은 사람은 감사 인사조차 할 수 없기 때문이다.

중세시대 의사이자 랍비인 마이모니데스는 체다카의 유형을 다음 여덟 가지로 구분해 설명했다.

- 유형 1. 받는 사람이 스스로 자립할 수 있도록 돕는다.
- 유형 2. 누가 주고 누가 받는지 서로 모르게 주고받는다.
- 유형 3. 주는 사람은 누가 받는지 알지만, 받는 사람은 누가 주는지 모르게 한다.
- 유형 4. 받는 사람은 누가 주는지 알지만, 주는 사람은 누가 받는지 모르게 한다.
- 유형 5. 달라고 부탁하기 전에 도와준다.
- 유형 6. 달라는 부탁을 받고 도와준다.
- 유형 7. 필요한 만큼 주지는 않아도 기쁜 마음으로 준다.
- 유형 8. 싫은데 억지로 돕는다. 증인이 보는 앞에서 주고, 감사 인사를 기다린다.

마지막 8번 유형처럼 내키지 않지만 돕는 것도 아무것도 하지 않는 것보다는 낫다는 게 그의 입장이다. 남을 돕는 행위 자체로도 의미가 있다는 뜻으로 받아들일 수 있다.

✡

남을 돕고 싶은 당신에게
"진정한 도움이 무엇인지부터 생각하라."

가난한 카네기
철광왕 되다

앞을 못 보는 거지가 인적이 드문 구석진 길모퉁이에 앉아 있
었다. 마침 그곳을 지나가던 두 사람이 그 거지를 보았다. 한
사람이 거지에게 동전을 주었다. 다른 사람은 모르는 척 지나
갔다. 조금 길을 가는데 갑자기 죽음의 사자가 두 사람 앞에
나타나 말했다.

"거지에게 동전을 준 자는 앞으로 50년만 나를 두려워하면
된다. 그러나 동전을 주지 않은 자는 곧 죽을 것이다."

그러자 동전을 주지 않은 사람이 당황해하며 말했다.

"지금 당장 돌아가서 그 거지에게 동전을 주고 오겠습니다."

"그래도 소용없다. 배를 타기 전에 배 밑바닥에 구멍이 뚫렸는
지 아닌지를 조사한 사람과 이미 배를 타고 바다에 나간 다
음 조사하는 사람이 똑같을 수 있겠는가?"

밑바닥에 구멍 난 배가 있다. 배를 타기 전에 조사해서 이 사실을 알아낸 사람은 목숨을 건지지만, 그렇지 않은 사람은 침몰하는 배와 함께 목숨을 잃는다. 도움이 필요한 사람에게 제때 도움을 주지 않은 사람은 침몰하는 배와 함께 물에 가라앉는 사람과 같다고 《탈무드》는 이야기한다.

도움을 주는 것에도 타이밍이 있다. 도움을 나중으로 미루는 사람이 있는데 뒤늦은 도움은 무의미한 행위가 될 수 있다. "형편이 좀 나아지면" "이 문제가 해결되면" 돕겠다는 사람 중에 진짜 돕는 사람은 사실 흔치 않다.

미국의 철강 재벌 앤드루 카네기는 때에 맞는 도움의 중요성을 아주 잘 보여준다. 앤드루 카네기는 14세 때 부모를 따라 스코틀랜드에서 미국으로 이민을 했다. 이민 중에 많은 빚을 지게 된 그의 가족은 형편이 무척 어려웠다.

앤드루 카네기는 어릴 때부터 공장에서 일을 하느라 공부할 시기를 놓쳤다. 10대 중반이 돼서야 가까스로 책을 읽을 수 있게 되었다. 학교에 갈 형편이 못 되었던 그에게 한 자선가가 도움의 손길을 베풀었는데, 그는 카네기에게 자신의 서재에서 마음껏 공부하고 책을 읽게 해준 것이었다. 그렇게 공부한 카네기는 전보 배달원에서 전기 기사가 되었고, 철도 회사에 다니며 사업 수완을 키우다가 결국 철강회사를 세워 많은 돈을 벌었다.

어린 시절 자선가의 도움으로 공부한 것을 잊을 수 없었던 앤드루 카네기는 영어 문화권 나라에 2,500여 개의 도서관을 건립했다. 카네기는 어린 시절부터 돈을 벌면 어떻게 쓸 것인지 생각이 명확했다. 35세 전까지는 돈을 벌고 남은 인생을 자선 사업에 투자하기로 마음먹었다.

35세부터 자선 사업을 하려던 그의 바람은 이루어지지 않았지만, 그는 66세부터 교육과 문화사업에 열정을 쏟았다. 자신처럼 공부할 때를 놓친 사람을 돕는 게 그 목적이었다.

앤드루 카네기는 "부자가 되어서 부자로 죽는 것은 불명예다."라는 명언을 남기고 생을 마감했다.

남에게 도움을 주려는 당신에게
"때를 놓친 도움은 안 주는 것만 못할 수 있다."

소유와 행복에 관한
가치관

행복은
소유에 있지 않다

어느 큰 부자가 중병에 걸리고 말았다. 어떤 의사도 그의 병
을 고치지 못했다. 날이 갈수록 부자의 병세는 악화되었다.
모든 희망이 사라지는 것 같던 어느 날 떠돌이 수도자가 찾
아와서 말했다. "진정으로 행복한 남자의 셔츠를 등에 걸치면
병이 나을 겁니다."

부자의 가족들은 진정으로 행복한 남자의 셔츠를 찾아 전국
방방곡곡을 다녔다. 하지만 어디에도 완전하게 행복한 사람

은 없었다. 그래도 아들은 희망을 포기하지 않고, 반드시 그런 사람을 찾아내어 아버지를 구하겠다고 결심했다.

부자의 아들은 도시를 벗어나 사막에 이르렀다. 밤이 되어 쉴 곳을 찾으려던 그에게 한 동굴이 눈에 띄었다. 동굴 앞에 이르자 이런 소리가 들렸다.

"난 정말 행복해! 정말 멋진 하루였어! 자, 오늘도 푹 자볼까?"

아들은 뛸 듯이 기뻐하며 동굴로 들어갔다. 그 남자의 셔츠를 벗기려고 보니, 그는 실오라기 하나 걸치지 않은 알몸이었다. 아들은 크게 실망해 얼어붙은 듯 서 있었다. 남자가 물었다. "왜 그러십니까?"

"당신이 행복한 사람이라고 말하는 것을 들었습니다. 그래서 저는 당신의 셔츠를 가지고 싶었습니다. 그 셔츠만이 제 아버지의 병을 고칠 수 있기 때문입니다."

"만약 나한테 셔츠가 있었다면 난 행복하지 않았을 것입니다."

진정으로 행복한 남자의 셔츠를 구해야 아버지의 생명을 살릴 수 있는데, 진정으로 행복한 남자에겐 셔츠가 없다. 셔츠가 없어서 행복하다는 역설. 소유가 행복을 가져다주는 것이 아님을 가르치는

《탈무드》의 이야기이다.

이 가르침처럼 유대인들은 돈으로 행복을 살 수 있다고 생각하지 않는다. 유대인들이 이를 악물고 부를 축적하려는 것 같지만, 그들은 부 자체를 목적으로 삼지 않는다. 그들은 행복해지기 위해서 돈을 버는 게 아니다.

사실 유대인은 경제 분야에서 다른 민족과 게임이 되질 않는다. 어려서부터 유대인들이 받는 체계적인 경제 교육 및 훈련의 수준은 다른 민족과 비교 자체가 안 된다. 유대인은 돈을 잘 벌 수밖에 없는데 그 비결은 역시 《탈무드》에 있다.

많은 사람이 부가 행복을 가져다줄 것으로 생각하고 인생의 목표를 부의 축적으로 잡는다. 돈이 많으면 삶이 편리해질 수 있고, 어딜 가더라도 좋은 대우를 받는다. 그러나 그것이 행복이라고 단정할 수는 없다.

늘 고난과 핍박 속에 있던 유대인들도 돈이 많으면 고난이 줄고 핍박도 받지 않을 수 있다고 생각했을 것이다. 돈이 많은 사람에게 좋은 대우를 해주는 게 현실이기 때문이다. 그들은 민족의 정체성을 지켜내고 잃어버린 나라를 되찾기 위해서라도 돈을 많이 벌어야 했다. 그러나 《탈무드》의 가르침처럼 유대인들은 행복이 돈과 직접적인 관련이 없음을 잘 안다.

✡
돈이 많으면 행복할 것이라고 믿는 당신에게
"소유가 행복을 가져다주는 것은 아니다."

어리석은
소탐대실의 결과

기발한 생각을 잘 하는 구두쇠가 있었다. 어느 날 그는 자기 말이 귀리를 너무 많이 먹는다고 생각하며 이렇게 중얼거렸다. "이 말이 우리 식량을 거덜내는구나!"

그 구두쇠는 말의 먹이를 줄이되 너무 급격히는 말고 매일 조금씩 적게 주기로 했다. 그래야 말이 적게 먹는 데 익숙해질 것으로 생각했다. 시간이 지날수록 말은 점점 야위어 갔다. 구두쇠는 말이 먹이를 적게 먹는 것을 보고는 매우 좋아했다. 그는 자신의 생각이 매우 기발하고 자기가 아주 영리하다고 생각했다. 자신이 고안한 그 방법을 새로운 방법이라며 여기저기 자랑했다.

그러던 어느 날, 그토록 부지런하게 일 잘하던 말이 땅바닥에 쭉 뻗더니 죽고 말았다. 구두쇠는 죽은 말을 내려다보면서 중얼거렸다.

"애석하다! 참으로 애석하다! 내가 이놈이 아무것도 먹지 않도록 훈련시키려고 했는데 그 전에 죽어버렸구나!"

귀리가 아까워 결국 말을 죽게 한 구두쇠 이야기는 진정한 이익이 무엇인지 생각해보게 한다. 그 구두쇠는 자신이 똑똑하다고 믿었지만, 잠깐의 이익을 위해 정말 중요한 것을 잃어버린 어리석은 사람의 전형이다.

"자본주의의 아버지"로 불리는 애덤 스미스는 《국부론》에서 국가의 부를 증진시키는 올바른 방법을 제시한다. 《국부론》은 자본주의 교과서라 할 수 있다. 유대인이기도 한 애덤 스미스는 이 책에서 자본주의 체제의 질서는 가격 기능에 의해 세워지며, 자유로운 경쟁을 통해 자본이 축적되는 것이 국부를 증진시키는 올바른 길이라고 이야기한다.

애덤 스미스가 무조건 자본 축적을 지지한다고 착각하는 사람이 있겠지만, 그렇지 않다. 자유로운 경쟁을 강조했을 뿐, 많은 자본이 행복을 가져다주는 것은 아니라고 분명히 밝힌다.

애덤 스미스가 부와 행복의 상관관계를 정리한 책이 바로 《도덕감정론》이다. 그는 이 책에서 《플루타르크 영웅전》에 실린 다음의 이야기를 비유로 진정한 행복에 대해 설명한다.

고대 그리스의 에페이로스 왕국을 피로스 왕이 다스리던 때였다. 피로스 왕은 로마를 공격할 계획을 세우고 있었는데, 왕의 두터운 신임을 받고 있던 키네아스는 왕의 계획이 옳지 않다고 생각했다. 키네아스는 종종 피로스 왕의 대리인으로 나설 만큼 훌륭한 문장가이자 협상가였다.

그러나 아무리 왕의 신임을 받는다 해도 신하가 왕에게 그의 계획이 옳지 않다고 말하는 건 현명한 일이 아니다. 현명한 키네아스는 다음과 같이 왕에게 질문들을 던지는 우회적인 방법을 택했다.

"폐하, 로마인들은 훌륭한 전사임은 물론, 수많은 전쟁 강국을 정복한 민족으로 알려져 있습니다. 만약 신께서 우리가 그들을 이기도록 허락하신다면, 우리는 무엇을 할 수 있겠나이까?"

왕이 답했다.

"일단 로마를 정복하면, 이탈리아반도를 통째로 정복할 수 있을 것이다."

키네아스는 그럼 그다음은 어떻게 하시겠냐고 물었고, 왕은 다시 답했다.

"그다음엔 시칠리아를 정복할 것이다."

키네아스는 그다음은 어떻게 하시겠냐고 물었고, 왕은 다시 답했다.

"리비아와 카르타고가 우리에게 항복할 것이다."

"그럼 그다음에는 어떻게 하시겠나이까?"

"그리스 전역을 정복할 것이다."

마지막으로, 키네아스가 그다음에는 어떻게 되겠느냐고 묻자, 왕은 미소를 지으며 답했다.

"내 소중한 친구여, 우리는 편안하게 살 것이다. 하루 종일 술을 마시고 즐거운 대화를 나눌 것이다."

"그럼, 지금 폐하는 무엇 때문에 그렇게 하지 못하시나이까?"

– 《내 안에서 나를 만드는 것들》 애덤 스미스 원저 이현주 역 세계사

에페이로스 왕국의 피로스 왕은 하루 종일 편안하게 술을 마시고 즐거운 대화를 나누기 위해 로마 정복의 길을 떠난다고 했다.

"그런 소박한 행복이 굳이 로마와 전쟁을 치르고 이탈리아반도를 빼앗는 수고를 해야만 얻을 수 있는 것인가?"

애덤 스미스는 이 이야기를 통해 그렇게 반문하고 있는 것이다.

소유에 대한
큰 착각

자본주의의 아버지 애덤 스미스조차 많은 것을 소유하면 행복해질 것이라는 생각이 큰 착각이라고 했다. 자본의 축적은 행복과 무관하다. 애덤 스미스는 《도덕 감정론》에서, "인간의 삶이 비참하고 혼란스러운 가장 큰 이유는 소유물이 곧 나 자신이라는 착각 때문이다."라고 했다.

《자본론》을 쓴 카를 마르크스도 유대인인데 그는 이렇게 말했다. "인간은 더 많이 소유하는 것이 아니라 더 많이 존재하는 것으로 행복해질 수 있다." 역시 유대인인 에리히 프롬은 마르크스의 이 이야기에 감응해 《소유냐 존재냐》라는 책을 썼다.

에리히 프롬은 《소유냐 존재냐》에서 우리의 삶의 방식을 소유하는 삶과 존재하는 삶으로 구분했다. 소유를 추구하는 사람은 꽃을 볼 때 자연 그대로의 꽃을 바라보고 음미하는 데 만족하지 못하고 꽃을 꺾어 자신의 것으로 소유하려고 한다.

존재하는 삶은 말 그대로 자기 존재를 확인하며 살아가는 삶이다. 존재를 추구하는 사람은 소유보다 존재에 가치를 두기 때문에 관계 속에서 행복을 느끼며 살아간다. 그런 사람은 자신의 존재뿐만 아니라 상대의 존재도 인정할 줄 안다.

많은 사람이 먼 훗날의 행복을 위해 오늘의 삶을 희생한다. 사랑하는 가족과 함께하는 대신 더 많은 부를 쌓는 것에 많은 시간을 할애한다. 행복을 위해 돈을 벌려고 하지만 그 때문에 잃는 것도 많다. 앞에서 본 《탈무드》의 예화처럼 정말 중요한 '말'은 잃어버리고 '귀리'만 추구하는 삶이 아닌지 돌아보기를 바란다.

✡

더 많은 이익을 추구하는 당신에게
"눈앞의 이익보다 중요한 것이 있음을 잊지 말라."

마음먹은 대로
생각한 대로

한 가난한 농부가 어느 날 마을의 랍비에게 찾아가 눈물을 글썽이며 호소했다.

"우리 집은 게딱지만 한데 아이들은 주렁주렁 딸렸고 제 아내 같은 악처도 없을 것입니다. 아마도 이 나라에서 제일가는 악처일 것입니다. 아, 저는 어떡하면 좋을까요?"

"자네 염소를 가지고 있는가?"

"물론이죠."

"그렇다면 염소를 집 안에 들여놓고 기르게나."

농부는 의아한 얼굴을 하고 돌아갔다. 이튿날 다시 찾아와 말했다.

"랍비님, 도무지 살 수가 없습니다. 악처에다 염소까지……. 더는 못 참겠습니다."

"자네 닭을 기르고 있는가?"

"물론입니다."

"그럼 닭을 전부 집 안에 들여 기르게나."

농부는 또다시 의아한 표정으로 돌아갔다. 그러고는 이튿날 또다시 찾아왔다.

"이젠 세상이 끝장입니다."

"그렇게 괴로운가?"

"마누라에, 염소에, 열 마리 닭에! 오오! 하나님 맙소사!"

"그럼 염소와 닭을 모두 밖으로 내몰고 내일 다시 찾아오게나."

이튿날 농부가 랍비에게 오는데, 그는 혈색도 좋고 마치 황금의 산에서 나온 것처럼 두 눈이 번쩍번쩍 빛나고 있었다.

"염소와 닭을 모두 내몰았더니 집은 궁전 못지않습니다!"

농부의 객관적 상황은 처음과 끝이 전혀 달라진 게 없었다. 그러나 농부는 처음엔 불행해했고 나중엔 매우 행복해했다. 초가삼간 같던 집이 마치 궁전 같았다. 자신은 마치 궁전에 사는 왕이 된 기분이었을 것이다. 행복은 객관적 상황에 있는 게 아니라 마음의 태도에 달렸음을 말해주는 이야기이다.

어떤 시선으로 상황을 보고 어떻게 마음먹느냐에 따라 행복해질 수도 있고 불행해질 수도 있다. 늘 비관적으로 상황을 보는 사람은 아무리 좋은 상황이어도 불행할 수밖에 없다.

우리가 걷는 길이 늘 꽃길일 수는 없다. 살다 보면 수도 없이 좌절하고 절망한다. 인생이 어디 내 계획대로 펼쳐지는가? 최대한 치밀하게 계획하고 노력하면서 나아가도 예상치 못한 방해물들을 얼마나 많이 만나는가? 강물이 가로막기도 하고 거대한 바위가 벽을 쌓기도 한다.

예측 불허의 인생길을 걸어가면서 가장 신경 써야 할 것은 바로 마음을 다스리는 일이라고 《탈무드》는 이야기한다.

> 사람의 모든 신체 기관은 마음에 의해 좌우된다. 마음은 보고, 듣고, 걷고, 서고, 굳어지고, 부드러워지고, 기뻐하고, 슬퍼하고, 화내고, 두려워하고, 거만해지고, 설득되고, 사랑하고, 미워하고, 부러워하고, 질투하고, 사색하고, 반성한다. 그러므로 세상에서 가장 강한 사람은 자신의 마음을 통제할

수 있는 사람이다.

사람은 마음먹은 대로 움직이는 존재다. 마음에서 감정이 나오고 감정에 이끌려 행동을 결정한다. 어떤 마음을 품느냐에 따라 결과는 극과 극이다. 똑같이 어렵고 힘든 상황이라 할지라도 극복하려는 마음을 품으면 해결할 방법이 보이고, 포기하려는 마음을 품으면 포기할 핑계만 떠오른다. 그 마음을 통제할 수 있는 권한은 오직 자신에게만 있다.

한 랍비가 제자를 저녁 식사에 초대했다. 랍비가 제자에게 말했다. "우선 기도문부터 외워라."

그런데 제자는 기도문을 몇 줄밖에 외우지 못했다. 다른 기도문은 물론이고 이제까지 배운 내용도 거의 기억해내지 못했다. 랍비가 화가 나서 제자를 꾸짖었다. 제자는 풀이 죽어 돌아갔다.

며칠 뒤 랍비는 그 제자에 관한 소문을 들었는데, 그가 환자를 돌보고 가난한 사람들에게 많은 선행을 베풀고 있다는 이야기였다. 순간 랍비는 부끄러운 생각이 들었다. 그는 제자들 앞에서 이렇게 말했다.

"마음속 생각은 행동으로 나타난다네. 몇만 권의 책을 읽고

수많은 지식이 있다 해도 아는 것을 실천하지 않으면 정말 안 된다고 할 수 없지.”

랍비의 한 제자가 기도문은 외우지 못했지만, 기도문의 내용을 실천하는 삶을 살았다. 이 사실을 알게 된 랍비는 그 제자야말로 훌륭한 제자임을 깨닫고, 그런 제자를 꾸짖었던 자신의 잘못을 뉘우쳤다.

아무리 훌륭한 생각을 하고 선한 이야기를 늘어놓는다 해도 그 생각과 말을 실천하지 않으면 그 모든 게 무의미하다. 자신이 배운 대로 환자를 돌보고 가난한 사람을 도운 그 제자야말로 진정한 지식인이다. 그리고 그가 그럴 수 있었던 것은 자신의 마음을 잘 다스린 결과다. 행복과 선한 삶은 모두 마음에서 출발한다고《탈무드》는 이야기하고 있다.

지금 힘든 상황에 처한 당신에게
“상황을 바라보는 마음을 달리 해보라.”

마음밭에
사랑을 심어라

한 남자가 이웃집 남자에게 "솥을 좀 빌려주세요."라고 부탁했다. 이웃집 남자는 안 된다고 거절했다. 그는 얼마 후 자신에게 솥을 빌려달라던 이웃집 남자를 찾아가 "말을 좀 빌려주세요."라고 부탁했다.

그러자 이웃집 남자는 "당신이 나한테 솥을 빌려주지 않았으니 나도 당신에게 말을 빌려줄 수 없소."라며 부탁을 들어주지 않았다. 이것은 복수다.

그러나 만일, 그 남자가 "당신은 나한테 솥을 빌려주지 않았지만 나는 당신에게 말을 빌려주겠소."라고 했다면 그것은 미움이다.

솥을 빌려달라는 내 부탁을 거절할 때는 언제고, 염치도 없이 내게 말을 빌려달라고 하는 사람이 있다. 그때 우리가 보이기 쉬운 두 가지 반응은 복수 아니면 미움이다. 그 두 가지 반응에 대해《탈무드》는 사례를 통해 쉽게 설명하고 있다.

네가 안 빌려줬으니 나도 안 빌려주겠다고 말하는 것은 복수고, 너는 안 빌려줬지만 나는 빌려주겠다고 말하는 것은 미움이다.

복수와 미움은 둘 다 좋은 마음이 아니다. 그렇다면 좋은 마음은 어떤 걸까? 남자는 어떻게 반응했어야 한다고 말하는 걸까? 아무 말 없이 흔쾌한 마음으로 말을 빌려주라는 것이다.

복수와 미움은 마음의 잡초 같은 존재다. 잡초는 하나를 뽑아도 금세 자라난다. 잡초는 좀처럼 사라지지 않을 뿐만 아니라, 밭을 온통 잡초로 뒤덮어 버린다. 마음의 잡초도 마찬가지여서 좋은 마음까지 모두 나쁜 마음으로 뒤덮어 버리기 쉽다. 잡초를 뿌리째 제거하는 것 말고는 해결책이 없다.

어떻게 해야 마음밭에서 잡초가 제거될까?

한 철학자가 제자 세 명을 잡초가 무성한 땅으로 데려가서 다음과 같이 물었다.

"이 잡초들을 전부 없애려면 어떤 방법을 쓰면 좋겠는가?"

첫 번째 제자가 말했다.

"불을 질러 태워버리겠습니다."

두 번째 제자가 말했다.

"낫으로 모두 베어버리겠습니다."

세 번째 제자가 말했다.

"농약을 뿌려 말라 죽게 하겠습니다."

철학자는 제자들의 대답을 가만히 듣고만 있다가 각자의 제안대로 잡초를 제거해보라며 땅을 삼등분해 주었다.

첫 번째 제자는 불을 질러 순식간에 잡초를 태워 재로 만들어버렸다. 그러나 며칠이 지나자 다시 잡초가 돋아나고 이내 무성하게 자랐다.

두 번째 제자는 팔다리가 떨어져 나갈 정도로 열심히 낫질을 해 모든 잡초를 제거했지만 얼마 지나지 않아 다시 잡초가 자라나 밭을 뒤덮어 버렸다.

세 번째 제자도 제초제를 뿌려 겉으로 보이는 잡초를 모두 제거했지만, 뿌리는 여전히 살아 있어서 다시 잡초가 무성하게 밭을 뒤덮었다.

그 후 몇 개월이 흘러 철학자는 그 제자들을 데리고 다시 잡초밭으로 갔다. 그런데 이게 웬일인가! 잡초만 무성하던 밭이 어느새 푸르른 보리밭으로 변해 있었다. 제자들은 깜짝 놀랐다. 철학자가 미소를 지으며 제자들에게 이렇게 말했다.

"잡초를 없애는 가장 좋은 방법은 바로 쓸모 있는 작물을 심는 것이다."

– 《하버드 새벽 4시 반》 웨이슈잉 저 이정은 역 라이스메이커

잡초를 완벽하게 제거하는 가장 좋은 방법은 좋은 작물을 심는 것이다. 마음밭도 마찬가지로 미움, 복수 같은 잡초는 미움, 복수로

는 제거되지 않는다. "이에는 이, 눈에는 눈"이라는 방식으로는 또 다른 미움과 복수를 낳을 뿐이다. 그렇다면 마음밭에 심어야 할 좋은 작물은 무엇일까?

그것은 바로 사랑이다. 오직 사랑만이 미움과 복수 같은 마음의 잡초를 제거할 수 있다.

미움과 복수의 고리를 끊고 싶은 당신에게
"당신의 마음에 사랑을 심어라."

4부

유대인의
비즈니스

14장

배려는
큰돈 버는 사업 전략

사람을 얻는
배려가 있다

한 남자가 한밤중에 깜깜한 시골길을 걸어가고 있었다. 그런데 맞은편에서 한 사람이 등불을 들고 걸어오고 있었다. 그 사람은 이웃에 사는 시각장애인이었다. 이상하게 생각한 남자가 그 장애인에게 물었다.

"당신은 앞을 보지 못하는데 왜 등불을 들고 가십니까?"

"나는 앞을 못 보지만 내가 이 등불을 들고 걸어가면 눈뜬 사람들은 내가 걸어가고 있는 걸 알 수 있기 때문이지요."

밤이든 낮이든 시각장애인에게는 앞이 깜깜한 암흑이다. 그러나 이 시각장애인은 등불을 들고 밤길을 걸어갔다. 낮이라면 상대방이 자신을 보고 부딪치지 않으려고 알아서 피하겠지만, 밤에는 혹시 자신을 못 보고 부딪힐 수도 있기 때문이란다. 의도치 않은 충돌로 상대방을 불편하게 만들지 않으려는 깊은 배려심의 결과이자, 장애인인 자기 자신을 보호하려는 지혜로운 선택이다.

《탈무드》는 이 이야기를 통해 깊은 배려심이 일으키는 잔잔한 감동을 전하고 있다. 시각장애인의 이야기를 들은 그 남자는 그의 배려심에 감탄하며 그의 인품을 아주 높이 샀을 것이다. 배려는 사람의 마음을 얻는 탁월한 수단이다.

세상에서 가장 힘든 일이 사람의 마음을 얻는 것이라고 한다. 선거 때만 되면 후보자들은 평소와는 달리 자세를 바짝 낮추고 유권자들에게 굽신거린다. 물론 유권자들에게 잘 보여서 한 표라도 더 얻기 위함이다. 아스팔트 위에서 큰절을 하질 않나, 시장통에서 서민들의 손을 붙잡고 포옹하질 않나, 한 표만 준다면야 못 할 게 없다는 태도를 보인다.

그렇게 굴욕을 마다하지 않아도, 후보자들이 유권자의 마음을 얻기란 쉬운 일이 아니다. 왜냐하면 사람 마음은 그리 단순하지 않기 때문이다. 일회성 행동으로 사람 마음은 얻기도 어렵거니와 한번 닫힌 마음의 문은 좀처럼 열리지 않는다. 사람의 마음을 얻는 비결 중

하나는 평소에 깊은 배려심을 보이는 것이다.

어떤 단체에 한밤중에 긴급한 문제가 발생했다. 임원진은 바로 다음 날 새벽 여섯 시에 긴급회의를 소집했다. 이 회의에 참석하게 될 임원진은 모두 6명이었다.

그런데 다음 날 새벽, 회의실에 모인 사람은 모두 7명이었다. 누군가 잘못 알고 참석한 것이었다. 누가 불청객인지 알 수 없었던 회장은 화가 난 듯 쌀쌀맞게 명령했다.

"여기에 나오지 말아야 할 사람은 당장 돌아가시오!"

그러자 임원진 중 가장 유능하고 꼭 필요한 사람이 회의실을 나가버렸다. 잘못 알고 나온 사람이 부끄러운 일을 당하지 않도록 자신이 나간 것이었다.

잘못 알고 회의에 참석한 사람에게 회장이 대놓고 핀잔을 주었다. 실수한 사람은 다른 사람들 앞에서 공개적으로 굴욕을 당할 뻔했다. 그러자 가장 유능한 사람이 그 사람을 배려하는 선택을 했다. 그 회의장에 있어야 할 자신이 회의실을 나감으로써 실수한 사람이 받을 수치를 대신 받았다. 이른바 "총대를 멘" 것이다. 이는 결코 쉬운 일이 아니다.

그 자리에 잘못 참석한 사람은 그 배려심을 기억하고 그의 인품을 매우 높이 살 것이다. 만약 다음에 그를 도울 기회가 생기면 기꺼이 발 벗고 그를 도울 것이다. 마음을 얻는 것은 그런 식으로 이루어진다.

✡

진심으로 남을 배려할 줄 아는 당신에게
"남을 위한 배려는 자신을 위한 배려이기도 하다."

작은 배려가
생명을 살리다

작은 배를 가진 사람이 있었다. 그는 해마다 여름이면 호수로 가서 배에 가족을 태우고 낚시를 즐겼다. 어느 해 여름이 끝나자 그는 배를 보관하려고 땅 위로 끌어올렸는데 배 밑에 작은 구멍이 하나 뚫려 있었다.

아주 작은 구멍이었던 데다 겨울 동안은 어차피 배를 육지에 보관해둘 것이므로 내년 봄에나 수리해야겠다고 생각했다. 그해 겨울 그는 배에 페인트칠을 새로 해달라고 페인트공에게 의뢰했다.

이듬해 봄은 유난히 일찍 찾아왔다. 그의 두 아들은 빨리 배를 타고 싶다며 성화를 부렸다. 그는 배에 구멍이 뚫린 것을 까마득히 잊고는 아이들에게 배를 내주었다. 그로부터 두 시간이 흘러 그는 비로소 배 밑에 구멍이 뚫려 있었음을 문득 기억해냈다. 아이들은 수영을 잘하지 못했다. 마음이 다급해진 그는 주변 사람에게 도움을 청할 생각으로 급히 호수에 달려갔다.

그런데 다행히도 두 아들이 배를 끌고 돌아오고 있는 것이었다. 그는 안도의 한숨을 내쉬며 배를 자세히 살펴보았는데, 누군가 바닥에 난 작은 구멍을 막아 놓은 흔적이 있었다. 바로 페인트공이었다. 그는 선물을 들고 페인트공을 찾아갔다.

"페인트칠 대금은 이미 지급해주셨는데 왜 선물을 주십니까?"

"페인트칠하시면서 배에 난 작은 구멍을 발견하고 막아주셨지요. 올봄에 수선할 생각이었는데 깜빡 잊고 있었답니다. 제가 의뢰한 일도 아닌데, 선생님이 알아서 깔끔히 수선해주신 거죠. 선생님은 수선하는 데 불과 몇 분이 안 걸렸겠지만, 덕분에 우리 아이들은 생명을 구했습니다. 이 얼마나 감사한 일인지요!"

페인트공은 배에 페인트칠을 해달라는 의뢰를 받았기 때문에, 굳이 구멍을 막는 수고는 안 해도 되었다. 그러나 페인트를 꼼꼼히 칠하려면 구멍이 있어서는 안 된다. 페인트공은 그렇게 자신의 일에 최선을 다한 것이다.

만약 그가 일을 대충대충 하는 사람이었다면 작은 구멍 따위는 발견하지 못했을 것이고, 설령 발견했더라도 대충 페인트만 칠하고 넘어갔을 수도 있었다. 구멍을 막지 않고 페인트만 칠했다면 작은 틈새로 물이 스며들었을 것이고 배는 물에 가라앉았을 것이다. 페인트공이 자기 일에 최선을 다한 결과, 아이들은 생명을 구했다.

이처럼 배려는 거창한 일이 아니다. 작은 일이라도 자기 일에 최선을 다하는 것이 남을 배려하는 일이 될 수 있다.

유대인들은 사업에서도 배려를 전략으로 활용한다. 남을 진심으로 돕는 일이 곧 자신을 돕는 일이라고 생각하기에 최선을 다해 남을 돕는다. 경쟁 상대에게도 선행을 베푸는 것을 당연시한다. 남을 도우면 반드시 그에 상응하는 이익을 얻을 수 있다고 생각해서 그렇다.

유대인은 남을 진심으로 도왔지만 아무런 이익을 얻지 못해도 괜찮다고 생각한다. 왜냐하면 선행을 베풀면 하나님이 천국에서라도 반드시 보상해주실 거라고 믿기 때문이다.

배려심이 만들어낸
스타벅스의 대성공

배려심을 중시했던 유대인은 서비스 산업을 태동시켰다. 서비스업의 중심에는 고객을 배려하는 마음이 큰 부분을 차지한다. 고객의 마음을 읽고 그들에게 필요한 것이 무엇인지를 파악해 제공하는 것이 서비스업의 성패를 좌우한다. 고객의 마음을 얻지 못하면 서비스 분야에서 성공을 거두기 어렵다. 어려서부터 《탈무드》를 통해 남을 배려하는 마음을 배우는 유대인들이 전 세계 서비스 산업을 주도하게 된 배경이 바로 그렇다.

커피숍을 글로벌 산업으로 이끈 스타벅스의 하워드 슐츠 회장도 유대인이다. 그는 뉴욕의 빈민가에서 태어나 가난한 어린 시절을 보냈다. 미식축구 특기 장학생으로 노던미시건대학에 입학했지만, 이후 운동을 포기하고 커뮤니케이션으로 전공을 바꾸었다.

대학 졸업 후 하워드 슐츠는 복사기 판매업체인 제록스에 취직해 3년 만에 최고의 영업자에 등극한 데 이어, 하마플라스트라는 가정용품 업체에 부사장 겸 총지배인이 되는 성공을 거두었다.

당시 스타벅스는 커피 원두를 판매하는 전문 업체로 하마플라스트에서 커피머신을 자주 주문하는 소규모 기업이었다. 그러던 중 하워드 슐츠는 이탈리아 출장길에서 노천에 즐비한 카페들을 보고는 충격에 빠졌다. 미국의 카페와는 전혀 다른 풍경이 펼쳐지고 있었기 때문이었다. 그때까지 미국의 카페는 그저 커피만 마시는 공간이었는데, 이탈리아의 카페는 단순히 커피만 파는 게 아니라, 한잔의 커피와 함께 편안한 휴식처를 제공했다.

고객의 마음까지 배려하는 카페라면, 미국에서도 큰 성공을 거둘 수 있을 거라는 확신이 든 하워드 슐츠는 안정된 회사를 그만두고 스타벅스로 자리를 옮긴다. 카페에 대한 그의 아이디어가 받아들여지지 않아 한때 스타벅스를 떠나는 우여곡절도 겪었지만, 그는 결국 스타벅스를 인수해 꿈꾸던 카페를 만들었고 초고속 성장을 이루어 냈다.

고객을 친구처럼 맞아주고 오래도록 머물 수 있는 공간을 제공하자는 그의 아이디어는 무엇보다도 철저히 고객 입장이 되어 고객을 배려하는 마음에서 시작된 것이었다. 그 전략은 적중했고, 커피 원두만 팔던 작은 회사가 지금과 같은 거대 글로벌 기업으로 성장하게 되었다.

하워드 슐츠는 고객뿐만 아니라 직원들을 배려하는 것으로도 유명하다. 그는 직원들을 종업원이 아닌 '파트너'라고 부른다. 직원들을 동업자로 생각한다는 의미다.

스타벅스 매장에 강도가 들어 관리자가 사망하는 일이 있었다. 비보를 듣자마자 하워드 슐츠 회장은 당장 전세 비행기를 타고 그 매장으로 날아가 가족을 위로하고 기금을 조성했다. 스타벅스가 지금까지 승승장구할 수 있었던 비결은 바로 그런 태도에 있다고 본다.

누군가를 향한 작은 배려, 용기를 북돋아주는 따뜻한 말 한마디 또는 칭찬, 이익을 따지지 않는 마음 씀씀이가 결국 사람의 마음뿐만 아니라 부를 얻는 비결이 아닌가 싶다.

손님의 마음을 얻고자 하는 당신에게
"진심 어린 존중과 배려심을 보여라."

웃음과 유머로
장사의 신이 되다

유대인에게 웃음은
선택이 아닌 필수

웃음은 기호식품이 아닌 주식(主食)이다.

《탈무드》의 이 문장은 웃음을 누구는 좋아하고 누구는 싫어하는 기호식품이 아니라, 누구나 매 끼니 먹어야 하는 주식과 같다고 말한다. 웃음은 있어도 그만, 없어도 그만인 선택 사항이 아니라 반드시 있어야 할 필수사항이라고 가르치고 있는 것이다.

이 가르침처럼 유대인은 어쩌다 한 번 웃는 게 아니라, 항상 웃는다.

유대인들을 '웃음의 민족'이라고 부르는 이유다.

유대인은 2천여 년간 나라 없이 전 세계를 유랑하며 많은 고난을 받은 민족임을 앞서도 이야기했다. 그들에겐 늘 종교적인 핍박, 민족적인 차별과 멸시가 뒤따랐다. 어떤 면에서 늘 약자였고 피해의식이 많았을 것 같은 그들이지만, 유대인은 이 《탈무드》의 가르침처럼 웃음을 잃지 않았다. 웃음과 낙천적인 사고방식은 그 오랜 고난의 세월 동안 그들을 지탱하는 버팀목이자 그들을 부유하게 만든 힘이었을 것이다.

유대인은 지위 고하를 막론하고 유머를 주고받는다. 스승과 제자, 노인과 젊은이 사이에도 서슴없이 농담이 오간다. 유머는 권위를 무너뜨리고 딱딱한 분위기를 부드럽게 만든다. 힘들고 속상한 상황도 한바탕 웃음으로 이겨낸다. 유대인은 습관처럼 아픔과 슬픔을 유머로 승화시킬 줄 안다.

"행복하기 때문에 웃는 게 아니라 웃기 때문에 행복한 것이다."라는 말이 있다. 유대인에게 웃음은 행복의 비결이었을 것이다.

기꺼이
망가질 줄 아는 능력

정신분석학의 대가 지그문트 프로이트도 유대인이었다. 그는 〈위트와 무의식의 세계〉라는 논문에 다음과 같은 문장을 남겼다.

자기 비판적인 강한 의지가 유대인의 삶의 토대가 된 많은 빼어난 농담을 만들어 왔다. (중략) 유대인만큼 자신의 결점을 웃으면서 즐기는 민족은 아마 없을 것이다. 하지만 유대인은 자신의 장점도 단점만큼 잘 알고 있다.

– 《세계를 지배하는 유태인의 성공법》 카세 히데아키 저 박순규 역 인디북

자신의 단점을 웃으면서 말할 수 있는 건 정말 큰 능력이다. 자신을 강하게 보이려고 결점은 감추고 장점만 자랑하려는 게 사람들의 일반적인 심리다. 그러나 자신의 단점을 솔직하게 말하며 자진해서 굴욕을 당하면, 상대방은 기분이 좋아지면서 금세 경계를 허문다. 관계에서 고지를 점령하는 빠른 비결이 바로 자신을 비하하는 것임을 유대인들은 잘 안다.

유대인 천재 과학자 아인슈타인도 유머에 관해 명언을 남겼다. 그는 노벨물리학상을 수상하는 자리에서 다음과 같이 말했다.

"나를 키운 것은 유머였고, 내가 보여줄 수 있는 최고의 능력은 조크였습니다. 세상 사람들은 규칙을 잘 지키는 것이 가장 중요한 가치라고 생각하겠지만, 나는 반대로 규칙을 뒤집을 때 우리에게 가장 필요한 새로운 규칙이 탄생할 것이라고 믿습니다."

《브리태니커 대백과사전》에는 "웃음은 논리적인 것"이라는 인용문이 있다. 그 인용문의 출처는 유대인 작가 아서 쾨슬러의 문장이다. 그 구절에 이어 "서로 받아들이지 못하는 두 가지 논리가 충돌할 때 웃음이 만들어진다."라는 설명이 부연되고 있다. 이런 설명처럼 유대인은 두 논리가 충돌할 때 그것을 잘 모면하는 논리적인 수단으로 웃음을 사용한다.

　서로 다른 의견이 충돌할 때 큰소리가 나고 감정적인 말이 튀어나와 자칫 불편한 상황이 벌어질 수도 있다. 유머는 그런 상황을 매끄럽게 넘기는 가장 좋은 수단이다.

✡

유머가 부족한 당신에게
"유머가 가진 힘은 생각보다 크다."

유머는
선행이다

한 저명인사가 시장을 방문해 말했다.

"이 시장에는 영원한 생명을 약속받은 사람이 있소."

시장 사람들은 사방을 둘러보았지만, 그럴 만한 사람을 찾지 못했다. 그 저명인사가 남자 두 명을 가리키며 말했다.

"바로 이 두 사람이오. 이들은 많은 선행을 한 분들이므로 영원한 생명을 받을 것이오."

그들의 정체가 궁금해 사람들이 다가가서 물었다.

"당신들은 무슨 장사를 하고 있소?"

"우리는 어릿광대라오. 쓸쓸한 사람들에게는 웃음을 선사하고, 다투는 사람들에게는 평화를 가져다주지요."

《탈무드》의 이 이야기는 웃음의 가치가 얼마나 높은지 말해준다. 시장을 방문한 저명인사는 웃음을 파는 행위를 선행이라고 표현했다. 심지어 그 선행은 영원한 생명, 즉 구원을 받을 만한 일이라고 한다.

유대인은 선행을 많이 쌓을수록 구원받고 하나님의 선물도 많이 받는다고 믿는다. 웃음은 바로 그런 선행을 쌓는 수단이므로, 유대인들이 웃음의 가치를 얼마나 높이 평가하는지 알 수 있다.

인간관계에서도 유머는 큰 도움이 된다. 처음 만난 사람에게 가볍게 던진 유머가 무장을 해제시키고 마음을 쉽게 열게 한다. 마음이 열리면 지갑이 열리는 것도 한결 쉬워진다. 그래서 유대인은 웃음을 사업수단으로 활용하기도 한다.

유머 담당 직원을
따로 두다

유대인 금융재벌 로스차일드는 유머를 발굴해내는 직원을 따로 둔 것으로도 유명했다. 유머 담당 직원이 발굴한 유머를 정기적으로 영국 런던에 보냄으로써 로스차일드는 런던의 사교계에서 스타가 되었다. 이 점은 사업에서도 당연히 유리했다.

유대인은 웃음을 유발하는 유머가 지적 능력과 비례한다고 믿고 일부러 유머를 갈고닦는다. "유머가 부족하면 머리를 숫돌에 갈아야 한다."라는 유대의 표현이 있을 정도다.

"모든 생물 중에서 사람만이 웃는다. 사람 중에서도 현명한 사람일수록 잘 웃는다."라는 유명한 말도 유대인 사회에서 나온 표현이다. 사실 유머는 상상력과 순발력 없이는 불가능하다. 순간적인 재치와 기지도 필요하다.

영국의 대문호 셰익스피어는 "그대의 마음을 웃음과 기쁨으로 감싸라. 그것들이 1천 가지 해로움을 막아주고 생명을 연장시켜 줄 것이다."라고 했다. 독일 철학자 니체는 "웃음이 없는 진리는 진리가 아니다. 오늘 웃는 자는 최후에도 웃을 것이다."라고 했다.

영국의 역사학자 토마스 칼라일은 "유머는 머리에서 나오는 것이 아니라 마음에서 나온다."라고 했다.

대체의학에서는 웃음도 치료의 수단으로 사용한다. 일명 웃음 치료다. 웃음 치료란 웃음을 유도해 병을 치료하는 치료법으로 가짜 웃음도 효과가 있다는 것에 착안한 방식이다. 가짜로 웃어도 우리의 뇌는 진짜로 웃는 것으로 생각하고 스트레스 호르몬 수준을 조절해 평정심을 유지할 수 있게 한다는 가설에 바탕을 둔 것이 바로 웃음 치료다.

10초만 웃어도 3분 동안 노를 저을 때의 효과가 나타난다고 한다. 15초 동안 박장대소하면 100미터를 전력 질주한 효과가 있다고 한다. 1분 웃으면 수명이 이틀 늘어나고, 5분 웃으면 500만 원어치의 엔도르핀이 몸에서 분비된다고 한다.

웃음은 삶에 활력을 불어넣는다. 고단한 삶의 현장에서 한바탕 크게 웃고 나면 스트레스가 절로 날아가고 걱정과 근심도 훌훌 털어버리게 된다. 전쟁터 같은 삶의 현장에서 웃음은 평온을 되찾게 해주는 힘이다.

✡

유머가 부족한 당신에게
"유머는 갈고닦을수록 좋아진다."

더 큰 돈 버는
고급 유머?

시장에서 독일계 유대인이 깡마른 소를 팔고 있었다. 1천 달러를 불렀는데 사는 사람이 없었다. 폴란드계 유대인이 이 모습을 보고 다가가서 말했다.

"당신은 장사하는 법을 모르는군요. 내가 팔아드릴 테니 보시오."

그는 말을 마친 뒤 깡마른 소 앞에 서서 외쳤다.

"자! 여러분! 여기를 보십시오. 사료값도 안 들고, 기르기도 무척 쉬운 암소입니다. 게다가 젖도 잘 나옵니다. 이 소가 단돈 2천 달러입니다."

이 말을 듣고 사람들이 줄지어 몰려들었다. 그때 소 주인인 독일계 유대인이 달려와서 말했다.

"여보시오. 농담하지 마시오. 이렇게 좋은 소를 2천 달러에 판단 말이오? 나는 안 팔겠소. 이 소는 내 소니까 내가 가지고 가겠소."

소의 주인인 독일계 유대인은 소를 좋은 값에 팔아야 하는 절박한 처지에 놓여 있다. 폴란드계 유대인의 도움으로 드디어 소를 팔 수 있게 됐는데, 정작 소 주인은 달려와서 그 값에는 팔 수 없다며 으름장을 놓는다. 이후의 상황이 어떻게 전개되었는지는 모르지만, 분명 2천 달러보다 더 많은 돈을 내겠다는 사람이 나왔을 것이다.

소 주인의 마지막 말에는 유대인 특유의 고급 유머가 깔려 있다. 그들은 한 차원 높은 유머로 장사에서 더 높은 이윤을 남긴다. 평범한 유머 같지만 유대인의 지혜가 숨겨져 있다.

절박한 상황에서도 농담을 하고 재치 있는 유머를 한다는 것은 마음에 여유가 있다는 이야기다. 궁지에 몰려 마음에 여유가 없는 사람이 어떻게 웃음을 유발하는 농담을 던질 수 있겠는가?

유대인들은 어떤 상황에서도 웃음을 잃지 않는다. 마음껏 웃을 수 없는 상황에서도 일부러 웃는다. 정신과 마음이라도 자유로워지고 싶어서 그렇다고 한다. 자유는 여유 속에서만 꽃필 수 있다. 내 몸 하나 누일 곳이 없고, 비웃음과 조롱을 당하고, 핍박과 차별을 당하는 순간에도 웃을 수 있다면 그는 누구보다 자유로운 사람일 것이다.

장사가 안 돼 고민인 당신에게
"마음의 여유를 가지고 고급 유머를 연마하라."

웃음으로
아름다워지는 인생

유대인의 유머를 정확히 그려낸 이탈리아 영화가 있는데 바로 〈인생은 아름다워〉(1999)이다. 유대인 시골 청년 귀도는 로마에 상경해 사랑하는 여인 도라를 만나 결혼해 아들 조수아를 낳는다.

공교롭게도 조수아의 다섯 살 생일에 귀도와 조수아 부자는 나치에 사로잡혀 수용소에 갇히게 된다. 모든 부모 마음이 그렇듯 귀도는 자신은 어떻게 돼도 상관없었지만, 사랑하는 아들만큼은 상처받지 않길 바랐다. 귀도는 조수아를 끝까지 행복하게 지켜주고 싶었고 아들의 목숨은 어떻게든 살려내고 싶었다.

그런 간절함에서 귀도는 묘안을 생각해내는데, 조수아에게 그 모든 힘든 상황이 재미있는 게임이라고 말하는 것이었다. 귀도는 아들에게 수용소 규칙을 잘 지킬 때마다 점수를 얻어 원하는 선물을 받을 수 있다고 설명한다.

수용소에 갇힌 다른 아이들이 점점 다가오는 죽음에 하루하루 두려움에 떠는 가운데도, 귀도와 조수아는 웃음을 잃지 않을 수 있었다. 귀도는 늘 웃는 얼굴로 조수아에게 게임에 대해 설명했고, 조수아는 많은 점수를 따서 1등을 차지할 거라는 희망에 늘 얼굴이 밝았다.

귀도는 죽음을 맞이하기 직전에도 마치 게임을 하듯 우스꽝스러운 포즈로 걸어간다. 조수아는 아빠의 말대로 끝까지 숨어 있다가 목숨을 건진다.

마침내 전쟁이 끝나고, 조수아 앞에 거짓말처럼 탱크가 나타났다. 조수아는 자신이 1천 점을 채워서 탱크가 나타났다고 믿는다. 아빠의 죽음도 모른 채 조수아는 "우리가 이겼다!"라고 기쁘게 외친다. 이것은 조수아의 승리일 뿐만 아니라 귀도의 인생 승리이기도 했다.

영화의 제목은 〈인생은 아름다워〉인데 그들의 삶은 아름답지 못했다. 그런데도 왜 인생을 아름답다고 말했을까? 그것은 조수아를 향한 아빠의 이런 메시지가 아닐까?

"아들아, 어떤 고난과 역경 속에서도 희망을 잃지 마라. 희망을 품고 살아가는 인생은 아름다워질 수밖에 없단다."

막다른 길에 들어선 당신에게
"웃어보라. 새로운 길이 보일 것이다."

부와 성공을 부르는 유대인의 지혜

16장

고도의 협상 전략,
침묵과 경청

신체 기관 중에
왕은 혀이다

왕이 중병에 걸리자 의사는 보기 드문 괴상한 병이라며, 사자의 젖을 먹어야 낫는다고 진단했다. 문제는 사자의 젖을 어떻게 구하느냐였다. 한 지혜로운 사람이 사자가 사는 동굴 가까이 다가가 새끼 사자를 한 마리씩 어미 사자에게 주었다.

열흘쯤 지나자, 그는 어미 사자와 아주 친해져서 사자의 젖을 조금 짜낼 수 있게 되었다. 사자의 젖을 들고 돌아오는 도중에 그는 꿈을 꾸었는데 자기 몸의 각 부분이 서로 다투는 꿈이었다. 각각 자기가 가장 중요하다고 주장했다.

발은 자기가 아니었다면 사자 동굴까지 갈 수 없었을 거라고 말했다. 눈은 보지 못했다면 사자 동굴을 발견하지도 못했을 거라고 주장했다. 심장은 자기가 아니었다면 대담하게 사자에게 가까이 가지 못했을 거라고 했다. 잠잠히 그들의 말을 듣고 있던 혀가 한마디 했다.

"그래 봤자 내가 없으면 너희는 아무 소용이 없을 거야."

그러자 다른 모든 신체 기관이 일제히 나서서 혀에게 욱박질렀다.

"뼈도 없고 쓸모도 없는 쬐끄만 게 까불고 있어!"

그가 궁궐에 도착할 무렵, 혀가 말했다.

"누가 제일 중요한지 이제 알려주마."

왕이 그에게 물었다.

"이것이 무슨 젖이냐?"

"네, 이것은 개의 젖이옵니다."

조금 전까지 혀를 몰아세우던 신체 기관들이 그제야 혀의 힘을 깨닫고, 일제히 혀에게 사과했다. 그러자 혀가 말을 고쳤다.

"아니옵니다. 제가 잘못 말씀드렸습니다. 이것은 틀림없는 사자의 젖이옵니다."

세 치(약 10센티미터)밖에 안 되는 혀가 다른 모든 신체 기관을 누르고 왕좌에 올랐다는 《탈무드》의 이야기이다. 비유이긴 하지만, 말의 영향력이 얼마나 대단한지를 일깨워준다. 이처럼 유대인은 말의 파급력을 깨닫고 말을 잘해야 함을 늘 기억한다. 혀를 잘 다스리는 것이 유대인의 성공 비결 중 하나라고 할 수 있다.

말은 사람을 살리기도 하고 죽이기도 하는 힘이 있다. 무심코 던진 말 한마디가 평생 지울 수 없는 상처를 남기기도 하고, 절망에 빠진 사람을 일으켜 세우기도 한다. 재치 있는 말 한마디로 비즈니스에서 큰 계약을 따낼 수도 있고, 부주의한 말 한마디로 거의 성사된 거래를 망칠 수도 있다.

《탈무드》로 교육받는 유대인들은 말하는 것보다 듣는 것을 더 중요한 덕목으로 여긴다. 말과 관련된 유대인의 격언들을 살펴보자.

- 당나귀는 긴 귀로써 알아보고, 어리석은 인간은 긴 혀로써 알아본다.
- 당신의 혀에는 뼈가 없다는 것을 항상 명심하라.
- 말하기는 태어나기만 하면 곧 배우나, 입을 다무는 것은 어지간해서 배우기 힘들다.
- 새장으로부터 도망친 새는 붙잡을 수 있으나, 입에서 나간 말은 붙잡을 수 없다.

- 말을 안 해서 후회하기보다는 해서 후회하는 일이 더욱 많다.
- 침묵은 지성인이 입은 황금의 갑옷이다.
- 말하는 것보다 침묵하는 것을 배우기가 더 어렵다.

비즈니스의 성패는
말에 달렸다

하버드대학의 관리학 강사 쑤린은 유대인의 비즈니스 현장에서 '침묵'이 어떻게 활용되는지 다음과 같이 이야기한다.

비즈니스 협상에서 침묵이란 적절한 시점에 입을 다물고 주도권을 포기한 채, 상대방이 마음껏 연기를 펼치도록 내버려두거나 상대방에게 많은 질문을 던지는 것이다. 또 상대방에게 핵심 주제를 중심으로 계속 발언하도록 유도함으로써 그의 진짜 의도와 최저한의 협상 목표를 드러내도록 만드는 것이다. 나아가 상대방의 의도와 협상 목표에 자신의 의도를 결합함으로써 목표에 부합하는 결과를 내놓기 위한 행위이다.

– 《유대인의 생각공부》 쑤린 저 권용중 역 마일스톤

유대인들에게는 '침묵'이 중요한 비즈니스 전략이라는 이야기이다. 유대인들은 자기 입을 다물고 상대방에게 많은 말을 하게 함으로써 상대방의 협상 목표를 파악하는 데 주력한다. 상대방의 목표를 알면 협상에서 유리한 위치를 점할 수 있다. 침묵하면서 상대방의 말을 듣고만 있는 것 같지만, 실은 치밀한 계획에 따라 협상에 임하고 있는 것이다.

《탈무드》의 다음 이야기도 말의 중요성을 강조하고 있다.

> 한 장사꾼이 거리에서 크게 소리를 쳤다.
> "인생을 행복하게 사는 비결을 팝니다!"
> 그러자 사람들이 순식간에 몰려들었다. 그중에는 랍비도 몇 있었다. "그 비결을 나한테 파시오."
> 사람들이 서로 자기에게 팔라고 졸라대자 장사꾼이 말했다.
> "행복한 인생을 사는 비결이란 자신의 혀를 조심해서 쓰는 것뿐이라오."

행복한 인생은 혀에 달렸다는 이야기이다. 말만 조심해도 인생이 행복해질 수 있다.

✡

비즈니스에서 성공하고 싶은 당신에게
"말하는 것보다 듣는 것을 중요시하라."

나쁜 습관 중에도
가장 치명적인 말습관

세 딸을 홀로 키우는 아버지가 있었다. 그는 딸들이 커갈수록 근심에 휩싸였다. 딸들은 모두 아름다웠지만 하나씩 치명적인 결점이 있었기 때문이었다. 첫째는 너무 게을렀고, 둘째는 남의 물건을 훔치는 도벽이 있었고, 셋째는 남을 헐뜯는 나쁜 습관이 있었다.

이웃 마을 부자가 자신의 아들 삼 형제와 그 홀아비의 세 딸을 결혼시키자고 제안을 했다. 그러자 홀아비는 그 부자에게 딸들의 결점을 조심스럽게 고백했다. 부자는 자기가 책임지고 딸들의 버릇을 고쳐 놓겠다고 약속했다.

마침내 세 커플의 결혼이 성사되었다. 부자는 게으름뱅이 맏 며느리에게 가사 도우미를 여러 명 고용해주었고, 도벽이 있는 둘째 며느리에게는 창고 열쇠를 내어주며 무엇이든 마음대로 가지라고 했다. 남 헐뜯기를 좋아하는 셋째 며느리에게는 매일 아침 "오늘은 남을 헐뜯을 게 없느냐?"라고 물었다.

어느 날 홀아비는 딸들이 어떻게 사는지 궁금해서 사돈댁을 찾아갔다. 큰딸은 마음대로 게으름을 피우며 살 수 있어서 즐겁다고 했다. 둘째 딸은 가지고 싶은 것을 마음대로 가질 수 있어서 행복하다고 말했다. 셋째 딸은 시아버지가 자기에게 무엇이든 캐물어서 괴롭다고 했다. 친정아버지는 셋째 딸의 말만은 믿지 않았다. 셋째 딸이 시아버지를 헐뜯고 있었기 때문이었다.

부자인 시아버지는 첫째 며느리의 게으름과 둘째 며느리의 도벽을 돈으로 해결했다. 그러나 돈으로도 해결할 수 없는 것이 있었으니, 바로 셋째 며느리의 험담하는 말버릇이었다.

《탈무드》는 이 이야기를 통해 언어 습관은 좀처럼 바꾸기 어렵고, 그 무엇으로도 혀를 제어하기란 힘들다는 점을 강조하고 있다. 한번 생긴 언어 습관은 노력해도 잘 바뀌지 않는다. 무심코 내뱉은 나쁜 말로 관계를 악화시키고 불이익을 자초할 수 있다.

말은 유형, 무형으로 대단한 위력을 발휘한다. 좋은 말은 좋은 성과를, 나쁜 말은 나쁜 결과를 낳는다. 한 방송사에서 〈말의 힘〉이라는 다큐멘터리를 방영한 적이 있었다. 말의 힘을 가시적으로 드러내고자 한 실험 프로그램이었다.

진행자들은 병 두 개에 막 지은 쌀밥을 넣어 각각 '좋은 말'과 '나쁜 말'이라는 딱지를 붙였다. '좋은 말'이라고 쓴 병에는 좋은 말을, '나쁜 말'이라고 쓴 병에는 듣기 싫은 말을 한 달간 들려주었다.

한 달 뒤 밥 상태를 확인했더니 놀라운 결과가 나왔다. 좋은 말을 해준 밥에는 모양새가 좋은 곰팡이가 생겼고 나쁜 말을 해준 밥에는 고약해 보이는 곰팡이가 생겼다. 냄새부터가 달랐다. 좋은 말을 해준 밥은 구수한 누룩 냄새가 났고, 나쁜 말을 해준 밥은 역한 썩은 내가 났다. 그렇게 말의 힘에 대한 실험이 끝났다.

만약, 밥에 들려주었던 말을 가족, 친구, 직장 동료에게 그대로 했다면 어땠을까? 실험 대상이 사람이어도 결과는 비슷했을 것이다.

실험에서는 의도한 대로 말할 수 있었지만, 어떤 상황이 닥칠지 모르는 현실에서는 그럴 수 없다. 예상 못 한 상황에서는 의도와 달리 평소의 언어 습관대로 말이 튀어나온다.

따라서 평소에 의도적으로 좋은 말을 하는 습관을 기를 필요가 있다. 나쁜 말을 하지 않는 것으로는 부족하다. 시종일관 수비만 해서는 이길 수 없고 골을 넣어야 승리하는 축구경기처럼, 좋은 말을 자주 해야 좋은 언어 습관이 생긴다.

나쁜 말이란 상대를 비난하는 말에 국한되지 않는다. 부정적인 말, 비관적인 말도 나쁜 말이다. 같은 내용도 긍정적으로 하면 좋은 말이 될 수 있다.

한 저녁 식사에 초대받은 아마추어 사진작가가 식사 자리에 참석한 다른 손님들에게 그동안 자신이 찍었던 사진들을 보여주었다. 그런데 집주인이 "참 잘 찍었네요. 기가 막힙니다. 사진기가 좋았나 보지요?"라고 말했다.

식사가 끝나고 다들 음식이 맛있다며 집주인을 칭찬하는데, 그 사진작가가 집주인에게 이렇게 말했다. "참 맛있게 먹었습니다. 기가 막히네요. 냄비가 좋았나 보지요?"

오는 말이 곱지 않으니 가는 말도 곱지 않다. 집주인이 사진작가의 실력을 폄하하는 말을 하자 마음이 상한 사진작가도 집주인의 요리 실력을 조롱하는 말을 한다. 말 한마디 잘못한 탓에 집주인과 사진작가가 모두 불행한 패자가 되었다.

✡

성공하는 인생을 원하는 당신에게
"적극적으로 긍정적인 언어를 쓰라."

세 번 생각하고
말하라

말을 잘하는 사람보다는 경청하는 사람이 존경을 받는다. 혀는 칼에 비유되기도 하는데, 혀를 주의해서 다루지 않으면 남을 다치게 할 뿐만 아니라, 자신도 상처를 입을 수 있기 때문이다. 훌륭한 검술가는 필요한 때 외에는 칼을 뽑지 않는다.

훌륭한 검술가가 필요할 때만 칼을 휘두르듯, 말도 필요한 말 외에는 함부로 내뱉지 말라는 가르침이다. 마구 내뱉은 말은 마구 휘두른 칼처럼 여러 사람을 다치게 할 수 있다. 그렇다면 어떻게 필요한 말인지 알 수 있을까?

삼사일언(三思一言)이라는 말이 있다. 한마디 말을 하기 전에 세 번 생각하면 필요한 말인지 아닌지 알 수 있다는 뜻이다.

소크라테스에게 한 친구가 찾아와 다급하게 소리쳤다.

"이보게 소크라테스, 이럴 수가 있나? 방금 내가 밖에서 무슨 말을 들었는지 아는가? 자네가 들으면 깜짝 놀랄 이야기야. 그게 말이지…"

그러자 소크라테스가 재빨리 말을 막았다.

"잠깐만! 자네가 지금 급하게 하려는 말을 세 가지 체로 걸렀는가?"

"세 가지 체라니, 그게 무슨 말인가?"

"첫 번째 체는 진실이네. 지금 말하려는 이야기가 사실이라고 확신할 수 있나?"

"아니네. 그냥 거리에서 들은 거라네."

"그럼 두 번째 체로 걸러야겠군. 그 이야기가 사실은 아니더라도, 최소한 나에 대한 선의에서 들려주려는 것인가?"

그는 뭐라고 대답할 수 없어서 머뭇거렸다. 그러자 소크라테스가 다시 말했다.

"그렇다면 세 번째 체로 걸러야겠군. 자네를 그렇게 흥분하게 만든 이야기가 아주 중요한 내용인가?"

"……."

"자네가 전하려는 이야기가 사실도 아니고, 선의에서 이야기해주려는 것도 아니고, 더구나 중요한 내용도 아니라면 나한테 말할 필요가 없네. 이런 말은 우리의 마음만 어지럽게 만들 뿐이네."

남의 이야기를 함부로 전달하는 행위를 경계하는 이야기이다. 소문을 전하기에 앞서 세 가지를 점검해볼 필요가 있다. 당신이 하려는 말이 팩트인가? 그 말을 전하려는 의도가 최소한 선의인가? 그것도 아니라면 그 말이 중요한 내용인가?

　최소한 이 세 가지는 생각하고 말한다면, 말에 실수가 없을 것이다.

존경받는 사람이 되고 싶은 당신에게
"말 한마디도 여러 번 생각하고 내뱉어라."

17장

경쟁 상대를
대하는 태도

적과도 협력하는 것이
경쟁이다

'오차'라는 아주 맛있고 귀한 과일이 있었다. 왕은 그 과일나무를 지키기 위해 경비원 두 사람을 고용했는데, 한 사람은 앞 못 보는 시각장애인이었고 다른 사람은 다리가 불편한 지체장애인이었다.

두 경비원은 과일나무를 지키다가 오차를 먹고 싶은 유혹에 빠지고 말았다. 결국 과일을 따 먹기로 결정한 그들은 시각장애인의 어깨 위에 지체장애인을 태우는 전략을 궁리해냈다. 지체장애인은 방향을 안내하고 지시를 내리는 역할을 맡았고 시각장애인은 과일을 따는 역할을 맡았다. 그렇게 둘은 마음껏 오차를 따서 먹었다.

오차가 깡그리 없어진 것을 알게 된 왕이 두 사람을 심문하기 시작했다. 시각장애인은 앞을 볼 수 없기 때문에 자기는 과일을 딸 수 없다고 변명하고, 지체장애인은 불편한 다리로 어떻게 저리 높은 곳에 올라갈 수 있겠느냐며 항변했다. 왕은 두 사람의 말을 믿지 않았지만, 그들의 말은 틀림없는 사실이어서 반박할 수 없었다.

둘은 하나보다 위대하다. 육체와 정신도 마찬가지로, 육체만 혹은 정신만으로는 아무것도 해낼 수 없다. 육체와 정신이 힘을 합쳐야 좋은 일이든 나쁜 일이든 할 수 있다.

《탈무드》의 이 이야기는 지혜로운 협력에 초점을 맞추어 읽어야 한다. 두 경비원의 절도를 미화하는 이야기로 오해하지 말라. 절도는 어떤 경우든 나쁜 짓이다. 시각장애인과 지체장애인은 각자의 약점을 직시하고 상대의 강점을 적극적으로 활용해 원하는 목표를 이루어냈다. 협력의 진정한 의미를 가르쳐주고 있는 이야기이다.

누구나 강점과 약점이 있고, 자신의 약점을 어떻게 상대방의 강점으로 보완하고 극복하느냐가 성패를 가르는 관건이 될 수 있다. 그것이 곧 지혜로운 협력의 핵심이기도 하다. 이 예화에서 보는 것처럼 지혜로운 협력의 출발점은 자신의 약점을 직시하는 것이고, 나아가 상대방의 강점을 인정하는 것이다.

이 두 장애인의 경우는 약점과 강점이 분명하게 드러나기 때문에 협력하기가 비교적 쉬웠을 것이다. 그러나 사회생활에서 자신의 단점 혹은 약점을 인정하는 게 쉬운 일이 아니다. 상대방의 강점 혹은 장점을 있는 그대로 인정해주는 것 또한 쉬운 일이 아니다. 경쟁 사회에서 협력이 어려운 이유이다.

우리는 치열한 경쟁 사회를 살고 있다. 경쟁에서 살아남지 못하면 도태되는 세상이다. 이런 사회에서 경쟁과 협력은 어딘가 어긋나는 덕목 같지만, 경쟁에서 살아남으려면 오히려 협력을 배울 필요가 있다. 혼자보다는 둘이 낫고 둘보다는 셋이 낫기 때문이다. 협력을 통해 더 큰 경쟁력을 만들어야 경쟁 사회에서 살아남을 수 있다. 필요하다면 적과도 협력해서 경쟁력을 키워야 한다.

협력에서
작은 역할이란 없다

유대인들은 그 어느 민족보다 치열하게 경쟁하는 습성이 있다. 그들은 승부욕을 즐기며 무얼 하든 이겨야 직성이 풀린다. 어떤 상황도 승부를 결정 짓는 게임으로 만들어버리는 재주가 있다. 그렇다고 그들이 협력하지 않는 것은 아니다. 오히려 협력을 강조한다.

유대인의 특이한 정서 중 하나가 바로 모든 동족을 '형제'로 생각하는 것이다. 전 세계 흩어져 있는 유대인들은 곳곳에 커뮤니티를 만든다. 어릴 때부터 공동체 사람들끼리 4~5명씩 어울려 공부도 하고 종교 활동도 한다. 어려울 땐 서로 돕고 즐거울 땐 서로 자기 일처럼 기뻐해준다.

유대인은 같은 공동체 사람이 아니더라도 동족이 어려움에 처했다면 세계 곳곳에서 도움의 손길을 뻗는다. 이것은 한민족의 특성과도 비슷하다. 이처럼 유대인은 협력을 통해 더 큰 경쟁력을 얻고 세계 무대에서 1등을 차지하고자 한다.

협력에서 중요한 자세는 자신의 역할이 중요하다는 인식이다. 협력은 톱니바퀴처럼 모든 게 맞물려 돌아가야 한다. 그 톱니바퀴에서 사소한 역할이란 없다.

> 뱀의 꼬리는 틈만 나면 불평을 늘어놓았다. 왜 늘 머리가 가는 대로 따라다녀야 하냐고 말이다. 어느 날 꼬리가 머리에게 퉁명스럽게 말했다. "왜 난 늘 네 꽁무니만 졸졸 따라다녀야 하지? 왜 넌 날 마음대로 끌고 다니니? 이건 불공평해. 나도

뱀인데 너의 노예처럼 끌려다닌다는 건 말이 안 되잖아!"

머리가 말했다.

"넌 앞을 보는 눈도 없고, 위험을 분간할 귀도 없고, 행동을 결정할 뇌도 없잖아. 난 나 자신만 위해서 앞장서는 게 아니야. 널 위해서도 봉사하고 있는 거야."

꼬리가 비웃으며 말했다.

"그런 말은 질리도록 들었어. 독재자들은 늘 백성을 위한다는 명분으로 자기 맘대로 행동하는 법이지."

머리는 하는 수 없이 이렇게 제안했다.

"그렇다면 내가 하는 일을 네가 한번 맡아보렴."

꼬리는 몹시 기뻐하며 앞장서서 움직이기 시작했다. 그러나 얼마 못 가서 뱀은 강물에 빠지고 말았다. 갖은 노력 끝에 겨우 강물에서 빠져나왔지만, 또 얼마 못 가 가시덤불에 들어가고 말았다. 가시덤불에서 빠져나오려고 몸부림칠수록 뱀의 몸에 가시가 박히면서 뱀은 큰 부상을 입었다.

머리의 도움으로 간신히 빠져나왔지만, 다시 꼬리가 앞장서서 가다가 이번에는 불 속으로 들어가고 말았다. 몸이 뜨거워지자 꼬리는 공포에 휩싸였다. 머리가 필사적으로 발버둥쳤으나 꼬리도 머리도 모두 불에 타 버리고 말았다.

꼬리의 지나친 승부욕 때문에 죽음으로 직행한 뱀의 이야기이다. 뱀의 꼬리는 자신의 역할을 망각한 채 무조건 머리를 이기려고만 했다. 앞장서서 이끄는 머리만 주목받는 것 같고 멋진 역할은 머리가 다 차지하는 것 같았지만, 뒤따라 가는 꼬리의 역할도 중요하다는 사실을 정작 꼬리는 몰랐다.

앞서도 말했지만, 지혜로운 협력의 출발점은 자신의 약점을 직시하고 상대방의 강점을 인정하는 태도다. 뱀의 꼬리는 이기려는 마음만 앞섰지, 자신에게는 눈도 귀도 뇌도 없다는 사실을 망각했다. 머리의 역할을 인정하지 못했을 뿐만 아니라, 자신이 지켜야 할 자리가 꼬리임을 몰랐다.

이 이야기는 협력에 있어서 자신의 자리를 지키는 것이 얼마나 중요한지를 일깨워주고 있다.

자신에게 주어진 역할에 만족하지 못하고 남의 역할을 가로채려는 뱀의 꼬리 같은 어리석은 사람이 얼마나 많은지 모른다! 다 머리만 하면 팔다리는 누가 될 것이며, 누가 발이 되어 걸어가겠는가? 다 리더가 되어 일을 시키는 사람만 있고 실행하는 사람이 없다면 그 조직은 어떻게 되겠는가?

그런 조직은 결코 잘 될 수 없고 결국 망하고 만다. 활활 타오르는 불 속으로 자진해 뛰어든 뱀의 꼬리처럼 말이다.

유대인의 경쟁은 결국 다 잘되기 위한 경쟁이다. 유대인들은 남을 넘어뜨리려고 경쟁하는 게 아니라 '윈윈'하기 위해 협력하는 가운데 경쟁한다. 그러기 위해 아무리 작은 역할이라도 그 역할에 최선을 다하고자 한다.

✡

경쟁에서 이기고 싶은 당신에게
"당신의 자리에서 최선을 다하라."

경쟁과 협력의
균형

악한에게 쫓겨 도망 다니는 두 사람이 있었다. 깊은 계곡에 이른 그들 앞에 낡고 오래된 나무다리가 가로놓여 있었다. 그 다리를 건너야만 그곳을 탈출할 수 있었다. 다리의 발판은 매우 좁고 나무는 썩어서 위험해 보였다.

먼저 한 사람이 쏜살같이 다리를 건넜다. 그는 전혀 두려워하지 않는 것 같았다. 다음 사람이 난간을 붙잡고 덜덜 떨며 소리쳤다. "당신은 어떻게 그리 잘 건넜소? 무슨 비결이라도 있소?"

건너편의 남자가 말했다. "나도 이런 좁고 위험한 다리는 처음이라서 무서웠소만, 한편으로 기울어지려고 할 때 얼른 다른 한쪽에 힘을 주어 균형을 잡으면서 건넜소."

균형의 중요성을 일깨워주는 이야기이다. 개인의 삶에서도 인간관계에서도 균형이 필요하지만, 깊은 계곡처럼 위험이 도사리고 있는 상황에서는 더더욱 균형이 필요하다. 자칫 균형이 깨지면 낭떠러지로 떨어지고 말 것이다.

앞서 살펴본 협력을 통한 경쟁도 그 원리를 떠받치는 것은 '균형'이라는 요소다. 협력해야 하는 사람들 사이에서 균형을 잃으면 삐걱거리고 넘어지고, 조직 전체가 깊은 수렁에 빠질 수 있다. 경쟁은 어원적으로도 협력을 내포한다.

미술, 음악 등에서 우열을 가리는 경연회를 프랑스어로 '콩쿠르(concours)'라고 하는데, '콩쿠르'의 '콩(con)'은 '함께'를, '쿠르(cours)'는 '달리다'를 뜻하는 라틴어에서 유래한 말이다. 즉 콩쿠르는 "함께 달린다."라는 의미이지 피 터지게 싸워서 남을 밟고 1등을 차지한다는 의미가 아니다.

영어에서 경쟁을 뜻하는 '컴피티션(competition)'도 어원적으로 콩쿠르와 비슷한 의미를 지닌다. 컴피티션은 라틴어 '콤페테레(competere)'에서 비롯되었는데 이는 "일치하다. 합의하다. 만나다. 맞다."라는 뜻을 지닌다. 즉 경쟁이란 그 경쟁에 참여한 모든 사람이 만장일치로 그 결과를 인정하는 과정을 말한다. 공정하게 경쟁을 펼치며 함께 성장해 나가는 것이 경쟁의 본질이다.

승부의 세계에서 합의를 이루려면 정정당당한 승부가 필수이다. 어떻게든 이기는 것이 중요하다며 수단, 방법 가리지 않는 것을 합리화하는 사람들이 있지만, 그것은 진정한 경쟁이 아니다.

진정한 승부사라면
펩시콜라처럼

진정한 승부와 경쟁의 모범을 보여준 세계적인 기업이 있는데 바로 펩시콜라다. 전 세계 콜라 시장에서 1등은 단연 코카콜라다. 그 뒤를 펩시콜라가 뒤쫓으며 호시탐탐 1등의 자리를 노린다. 어느 날 펩시에 기회가 찾아왔다. 코카콜라 특유의 톡 쏘는 맛의 비결을 코카콜라 직원이던 조야 윌리엄스가 빼내 펩시에 팔겠다며 비밀리에 접근한 것이다.

그러나 펩시 측은 그 달콤한 제의를 뿌리치고 연방수사국에 신고했다. 경쟁 기업의 스파이를 검거하는 데 펩시가 큰 공헌을 한 것이었다. 왜 펩시가 코카콜라의 비법을 사지 않고 그 제안을 뿌리쳤는지 궁금해하자, 펩시의 대변인인 데이브 데세코는 이렇게 답했다.

"때론 경쟁이 치열할 수도 있습니다. 그러나 경쟁은 어디까지나 공정하고 합법적으로 진행되어야 합니다."

펩시콜라의 다음과 같은 경영 원칙도 이를 잘 말해준다.

> 첫째, 치열하게, 그러나 고결하게 경쟁한다.
> 둘째, 불공정하거나 속이는 행동을 하지 않는다.
> 셋째, 우리의 모든 행동이 정직하고, 공정하며, 고결하도록 노
> 력한다.

펩시콜라의 경영 원칙을 보면 함께하는 공정한 경쟁의 의미를 그들은 잘 알고 있는 듯하다. 이들의 경영 원칙은 한마디로 경쟁은 하되 균형을 잃지 않으려고 노력하는 것이다. 이런 경영 정신이 받치고 있기에 펩시는 100년 넘게 회사를 발전시켜 나갈 수 있는 게 아닐까?

멀리 가고 싶은 당신에게
"경쟁은 하되 균형을 잃지 말라."

5부

쾌락과 고난,
휴식에 관한
태도

쾌락도 좋지만,
더 중요한 건 밸런스

쾌락과 선행의
균형을 잡아라

항해하던 어떤 배가 폭풍우를 만나 항로를 잃고 말았다. 아침이 되자 폭풍우가 그치고 바다는 다시 잠잠해졌다. 저 멀리 아름다운 섬이 보였다.

배는 섬 항구에 닻을 내리고 잠시 섬에서 쉬어가기로 했다. 그 섬에는 형형색색의 아름다운 꽃들과 먹음직스럽게 생긴 과일들이 주렁주렁 열려 있었다. 녹음이 짙게 드리워진 숲에는 정겨운 새들의 노랫소리가 가득 울려 퍼졌다.

승객들은 다섯 그룹으로 나뉘었다.

첫째 그룹은 아름다운 섬은 눈에 들어오지 않았고 어서 빨리 자기들의 목적지로 가려는 생각에 사로잡혔다. 혹시라도 그들이 섬에 있는 동안 순풍이 불어 배가 떠나 버릴지도 모른다는 염려 때문에, 아예 배에서 내리지도 않았다.

둘째 그룹은 서둘러 섬에 가 나무 그늘 아래서 향기로운 꽃향기를 맡으며 맛있는 과일을 따 먹었다. 그렇게 기운을 회복하고는 곧바로 배로 돌아왔다.

셋째 그룹은 섬의 정취에 취해 섬에서 떠날 줄을 몰랐다. 그러다가 순풍이 불어오자 허겁지겁 배로 돌아왔다. 그러느라 소지품을 분실했고 기존에 앉았던 좋은 자리도 빼앗기고 말았다.

넷째 그룹은 순풍이 불어 선원들이 닻을 감아올리는 것을 보았지만, 돛을 내리려면 아직 시간이 있고, 선장이 자기들을 남겨놓고 떠나지는 않을 것이라며 좀처럼 섬을 떠날 줄을 몰랐다. 그러다가 배가 항구를 떠나기 시작하자 허둥지둥 헤엄쳐서 가까스로 배에 올라탔다. 그런 가운데 바위나 뱃전에 부딪혀 여기저기 부상을 입었다. 항해가 끝날 때까지 상처는 아물지 않았다.

다섯째 그룹은 섬의 아름다운 정취에 도취해 출항을 알리는 소리조차 듣지 못했다. 그렇게 섬에 남겨져 맹수들에게 잡아 먹히기도 하고, 독이 있는 열매를 먹기도 하여 마침내는 모두 죽고 말았다.

*****

배는 인생에서 선행을, 섬은 쾌락을 상징한다. 첫째 그룹은 인생에서 쾌락을 전혀 맛보려고 하지 않는 유형이다. 둘째 그룹은 쾌락을 조금 맛보긴 하지만 선행의 의무도 잊지 않는다. 둘째 그룹이 가장 현명한 그룹이라고 할 수 있다.

셋째 그룹은 선행보다는 쾌락을 더 추구하다가 인생에서 고생을 자초하는 사람들이다. 넷째 그룹은 쾌락에 빠진 인생을 살다가 최후에는 선한 인생으로 돌아왔지만, 타이밍이 너무 늦어 죽는 날까지 후유증에 시달린다.

다섯째 그룹은 일생 동안 쾌락과 허영만 탐닉하는 유형이다. 사람은 다섯째 그룹과 같은 실수를 저지르기 쉬운 존재다. 인생의 목적을 망각하고 독이 든 것도 모르고 달콤한 것만 먹다가 비참한 최후를 맞이하기 쉽다.

《탈무드》는 쾌락과 선행의 균형을 강조하고 있다. 이 가르침처럼 유대인은 쾌락을 나쁘게만 보지 않을뿐더러, 금욕을 강요하지도 않는다. 그들은 사람의 욕망을 인정하고 오히려 삶의 다양한 쾌락을 만끽하라고 한다. 《탈무드》의 이 이야기에서 두 번째 그룹처럼 쾌락을 조금 즐기면서 선행의 의무도 잊지 않는 것이 유대인이 지향하는 이상적인 삶이다.

균형을
무너뜨리는 덫들

이 섬의 독이 든 과일들처럼 우리 삶에는 우리의 발목을 걸려 넘어뜨리게 하는 유혹과 덫들이 곳곳에 포진해 있다. 유대인은 쾌락을 즐기면서도 그런 덫들에 걸려 넘어지지 않도록 늘 조심할 것을 가르친다. 쾌락을 적당히 즐기며 선을 행하는 균형적인 삶이 유대인의 성공 비결 중 하나라 할 수 있다.

이스라엘의 공용어 히브리어로 '진실, 또는 진리'를 '에메트(אמת)'라고 하는데 이 글자에는 균형을 중시하는 유대인의 정신이 담겨있다. 에메트는 첫 번째 알파벳 알레프(א), 한가운데 알파벳 멤(מ), 마지막 알파벳 타우(ת)로 이루어진 글자다. 영어의 음가로 하면 알레프는 A, 멤은 M, 타우는 T에 해당한다. 참고로 히브리어 문자 배열은 다른 아랍어처럼 오른쪽에서 왼쪽으로 진행된다.

알파벳의 처음과 중간과 마지막을 조합한 글자가 진리를 뜻한다는 것은 흥미롭다. 세 글자가 정확히 균형을 이루듯, 진리 또는 진실은 어느 한쪽으로 치우쳐서는 안 된다는 뜻으로 유대인들은 받아들이기도 한다.

너무 앉아만 있으면 항문에 나쁘다. 너무 오래 서 있으면 심장에 나쁘다. 너무 걸으면 눈에 나쁘다. 그러므로 앉고 서고 걷는 것을 적당히 해야 한다. 사람을 보는 네 가지 지혜가 있는데 그 지혜의 기준은 돈, 술, 여자, 시간에 대한 태도에 있다. 세상에는 도를 넘어서는 안 되는 여덟 가지가 있다. 여행, 성(性), 부(富), 일, 술, 잠, 약, 향료가 그것이다.

이 문장 역시 균형을 강조하는 《탈무드》의 가르침에 해당한다. "너무 걸으면 눈에 나쁘다."라고 한 것은 이스라엘은 사막지대라 오래 걸으면 모래 먼지가 눈에 들어가 눈병에 걸리기 쉬워서이다. 돈(부), 술, 여자(성), 여행, 일, 잠, 약, 향료는 한번 빠져들면 쉽게 헤어 나오지 못하는 것들이다. 시간을 낭비하거나 시간 약속을 지키지 않는 사람 역시 균형을 잃어서 그렇다고 한다.

✡
쾌락주의에서 벗어나고 싶은 당신에게
"틈틈이 선행도 하면서 삶의 균형을 되찾아라."

균형이 깨질 때
중독에 빠진다

최초의 사람이 포도나무를 심고 있었다. 그때 악마가 찾아와 물었다. "뭘 하고 있는 거야?"

"굉장한 식물을 심고 있어."

"처음 보는 식물인데!"

"이 식물에는 아주 달고 맛있는 열매가 열려. 그 열매즙을 마시면 아주 행복해지지."

악마는 자기도 포도밭의 동업자로 넣어달라고 부탁했다. 동업자가 된 악마는 양과 사자와 원숭이와 돼지를 죽여 그 피를 포도밭의 거름으로 주었다. 포도주는 그렇게 해서 세상에 처음 탄생했다.

술을 처음 마실 때는 양처럼 온순하다가, 좀 더 마시면 사자처럼 사나워지고, 거기서 좀 더 마시면 원숭이처럼 춤추고 노래하다가, 더 많이 마시면 토하고 땅바닥에 뒹굴면서 돼지처럼 추해진다.

술은 악마가 사람에게 주는 선물이다. 악마는 너무 바빠서 사람에게 갈 수 없을 때 자기 대신 술을 보낸다.

《탈무드》는 술을 악마의 선물이라고 말한다. 사람을 파멸로 몰아가는 악마의 선물이 결코 이로운 것일 수 없다. 악마는 술로 인간을 수렁에 빠트린다고 유대인들은 믿는다. 왜냐하면 술은 중독을 일으켜 한번 빠지면 쉽게 헤어나오지 못하게 하기 때문이다.

유대교는 완전한 금주를 요구하진 않는다. 다만 지나친 음주를 경계할 뿐이다. 오히려 식사 때, 결혼식, 축제일, 장례식 때는 술 한두 잔은 마셔야 한다는 그들만의 전통이 있다. 유대인에게 술은 생활의 일부이지만 과음은 엄격하게 금지한다.

"취한 상태로는 아무리 기도해도 신이 들어주지 않는다."라는 유대인 격언이 있다. 유대인의 건배사는 '라하임(לחיים)'이라고 하며, "생명을 위하여(for life)"라는 뜻이다. 술은 생명을 좌우하는 것이므로 과하지 않게 마시라는 뜻일 것이다.

아무리 좋은 음식도 과하면 몸에 좋지 않은데, 중독성 있는 술은 오죽할까? 술을 마시면 기분이 좋아지는 호르몬이 뇌에서 분비된다고 한다. 그러나 우리 뇌를 너무 믿어서는 안 된다. 우리 뇌는 진짜와 가짜를 구별하지 못할뿐더러, 생존을 위한 것인 줄 착각해 쾌락만을 탐닉할 수도 있다.

술을 끊고 싶은 당신에게
"술이 주는 기분 좋은 감정은 거짓말임을 기억하라."

휴식은
선택이 아닌 의무

휴식은 인생의 참맛을
더해주는 양념

안식일 오후에 로마 황제가 친분이 두터운 랍비의 집을 방문
했다. 예고 없는 갑작스러운 방문이었지만, 황제는 매우 즐거
운 시간을 보냈다. 특히 음식이 매우 맛있었다. 식탁에 둘러앉
은 식구들은 노래도 부르고 《탈무드》를 주제로 대화도 주고
받았다.

그 시간이 행복했던 황제는 다음 주 수요일에도 또 오겠다고
말했다. 약속한 수요일에 황제가 랍비의 집에 방문하자 가족

들은 이미 손님 맞을 준비를 마치고 기다리고 있었다. 지난 안식일에 쉬었던 하인들이 줄지어 음식을 날라 식탁에 놓인 고급스러운 그릇들에 올려놓았다. 요리사가 없어서 차가운 음식뿐이었던 지난번과는 달리, 이번에는 따뜻한 요리가 많이 나왔다. 그런데도 황제는 이렇게 말했다.

"음식은 역시 토요일 게 맛있었어. 지난 토요일 요리에는 어떤 조미료를 넣었나?"

"로마 황제는 그 조미료를 구하지 못하십니다."

"천만에! 로마 황제가 구할 수 없는 조미료란 없네."

"폐하, 폐하께서는 훌륭하신 로마 황제이시지만, 아무리 노력해도 그 조미료를 못 구하십니다. 왜냐하면 그 조미료는 유대인의 안식일이기 때문입니다."

유대인의 안식일은 로마 황제라 해도 결코 가질 수 없는 것이다. 《탈무드》는 유대인의 안식일이 특별한 것, 유대인의 삶을 더욱 감미롭게 만드는 힘이라고 말하고 있다. 유대인에게 안식일의 전통이 얼마나 자랑스러운 것인지를 짐작할 수 있다.

당시 이스라엘은 고대 로마의 식민지였기 때문에 유대 랍비가 로마 황제에게 그런 말을 했다는 것 자체가 엄청난 일이었다. 유대인이라는 자부심과 우월의식이 한껏 드러난 대목이다.

유대인에게 안식일은 온전한 휴식을 취하는 날이다. 안식일에는 예배 외에는 어떤 노동도 해선 안 된다고 규정하고 있다. 안식일의 규정은 선택이 아닌 의무 사항이다. 기독교의 안식일이 일요일인 것과 달리 유대교의 안식일은 토요일에 해당한다. 좀 더 정확히 말하면, 금요일 일몰부터 토요일 일몰까지가 유대인의 안식일이다.

유대인은 안식일에 지난 6일간의 모든 노동을 멈춰야 한다. 직장일을 쉬는 것은 물론이고, 요리나 청소 같은 신체 활동, 글쓰기나 독서 같은 정신노동조차 금한다. 일이라고 할 만한 것은 전혀 할 수 없다. 성경에는 유대인들이 안식일에 환자를 치료하는 것도 금했다고 한다.

이런 규정을 과하게 해석해 안식일에는 엘리베이터 버튼을 누르는 것조차 노동으로 간주하며 금하는 유대인들이 있어서, 안식일 동안 전 층이 자동으로 멈추는 엘리베이터들도 생겨날 정도다. 안식일에는 등산이나 산책 등 취미 생활도 하지 않을뿐더러, 여행도 쇼핑도 금한다.

자기 자신을
들여다보는 시간

유대인은 안식일에 온전히 가족과 함께 보내야 한다. 무엇보다 '자기 자신'과 함께하는 시간으로서 의미를 부여한다. 지난 한 주의 자기 삶을 돌아보고 잘못한 것을 발견해 뉘우치고 개선점을 찾는다. 그것이 유대인이 말하는 온전한 휴식이다. 이런 휴식이 유대인의 강점을 만들었고, 그들을 남다른 민족으로 만든 비결 중 하나다.

잠시라도 한눈팔면 뒤처지는 현대 사회에서 '휴식'을 사치로 생각하는 사람들이 많다. 쉼 없이 달려가야 성취를 이루고 성공에 이른다고 생각한다. 특히 입시를 준비하거나 취업을 앞둔 수험생들은 일요일도 명절도 없이 꼬박 몇 년을 학교, 학원, 도서관만 오간다. 그러나 이것은 옳은 전략이 아니다.

휴식은 나태함이 아니라 도약을 위한 전략임을 유대인에게서 배울 필요가 있다. 쉰다고 뒤처지는 게 아니다. 정기적인 휴식은 성공의 걸림돌이 아닌 성공의 가속페달임을 기억하자.

빨리 성공하고 싶은 당신에게
"일주일에 하루는 온전한 휴식을 가져라."

자기 자신을
잃어버린 사람들

자신이 무척 경건한 신자라고 자부하는 사람이 있었다. 그는 예배당에는 잘 다녔지만, 품행이 나빴다. 하루는 랍비가 그를 불러서 품행을 바르게 하라고 주의를 주었다. 그러자 그는 억울한 듯 이렇게 항변했다.

"저는 정해진 날 꼬박꼬박 예배당에 다니는 경건한 신자인뎁쇼."

"여보게, 동물원에 매일 간다고 해서 사람이 동물이 되는 건 아니잖은가?"

예배당에는 잘 다녔지만 평소 생활 태도는 비도덕적인 사람이 있었다. 랍비는 "동물원에 매일 간다고 동물이 되는 건 아니다."라는 말로 그에게 일침을 가했다.

아무리 교회를 열심히 다녀도 행실이 나쁘면 진정한 신자라고 할 수 없다. 《탈무드》를 많이 안다고 지혜로운 사람이 아니라, 그 가르침을 실천하는 사람이 지혜로운 사람이다.

아는 것 따로, 삶 따로인 사람을 우리는 위선자라고 한다. 그러나 위선보다 더 나쁜 것은 자신이 위선자임을 모르고 그 정도면 자신이 매우 좋은 사람이라고 착각하는 것이다. 왜 그런 착각에서 벗어나지 못할까? 자기 자신을 성찰하는 시간을 가지지 않아서 그렇다. 자신을 성찰하는 일은 온전한 휴식 동안에만 가능하다.

많은 사람이 바쁜 일상에 쫓겨 온전한 휴식을 가지지 못한다. 그 경우 가장 큰 문제는 자기 자신을 돌아볼 여유가 없다는 것이다. 성공하는 사람은 끊임없이 자기 자신을 돌아보고 부족한 점이나 실수를 발견하려고 한다. 자신의 잘못을 반성하고 약점을 개선해 나감으로써 개인적으로 더 나은 사람이 되고 사회적으로도 성공에 이르게 된다.

예배당에 열심히 다니는 행위만 가지고 자기 자신을 경건한 사람으로 착각하는 사람처럼, 일만 열심히 하는 자기 자신을 매우 훌륭하다는 착각 속에 살아간다면 결코 성공할 수 없다. 성찰 없이 발전은 없고 발전하지 않는 사람이 일에서 성공하기란 불가능하다.

그 반대의 착각도 위험하기는 마찬가지다. 자기 자신의 가치를 제대로 알지 못하고 그저 자신을 비하하고 비관적인 생각에 젖어 사는 사람들이 있다. 그런 사람 역시 결코 성공할 수 없다.

여유를 가지고 자신의 마음 상태를 점검하라고 하면, 한가하게 그럴 시간이 어디 있느냐고 항변하는 사람들이 있다. 맹자는 그런 사람들을 향해 다음과 같이 꼬집었다.

사람들은 닭이나 개가 없어지면 열심히 찾지만 자기 마음은 잃어버리고도 찾으려 하지 않는다. 학문하는 방법은 다른 데 있는 것이 아니라, 자신의 잃어버린 마음을 찾는 데 있다.

여러분 자신이 닭이나 개보다 못한 존재인가? 결코 그럴 수 없다. 잃어버린 자기 자신을 찾는 게 얼마나 중요한 일인지 맹자가 강조한 이 문장을 기억하길 바란다.

성공을 향해 쉼 없이 달려가는 당신에게
"자기 자신을 성찰하고 약점을 개선해 나가라."

발전과 성공을 위해
휴식은 필수

조용한 곳에서 자기의 내면을 바라보는 시간을 가져라. 그것은 사치가 아닌 필수적인 일이다. 여행하고 취미 활동하면서 쉬었다고 말하지 말라. 여행이나 취미는 오히려 육체만 피곤하게 할 뿐 자신을 돌아보는 진정한 의미의 쉼은 줄 수 없다.

동서고금의 많은 선현들이 자기 자신을 성찰하는 것을 강조한다.

《탈무드》는 자기 자신을 제대로 아는 것에 대해 다음과 같이 조언한다.

> 자신에게 가장 좋은 스승은 바로 자기 자신이다. 자신만큼 자신을 잘 알고, 자신을 깊이 동정하며, 자신을 강하게 격려해주는 스승은 없다.

《채근담(菜根譚)》은 깊은 밤 아무도 없을 때 나 홀로 자기 자신을 들여다보라고 한다.

> 밤 깊어 인적이 고요한 때에 홀로 앉아 마음을 들여다보면
> (夜深人靜 獨座觀心),
> 비로소 망령된 생각이 사라지고 참된 마음만이 홀로 드러남을 알게 된다(始覺妄窮而眞獨露).

《대학(大學)》에도 비슷한 메시지가 있다. 고요한 시간, 깊은 사색의 시간을 가지라는 의미다.

> 고요한 뒤에야 능히 안정이 되며(靜而後能安),
> 안정이 된 뒤에야 능히 생각할 수 있고(安而後能慮),

깊이 사색한 뒤에야 능히 얻을 수 있다(慮而後能得).

성찰은 자기 자신과 좋은 관계를 맺기 위한 기본 전제다. 자기 자신과 관계가 좋아야 대인 관계도 좋아질 수 있다. 인간관계가 좋아야 성공한다.

자기 자신을 돌아보는 시간이 진정한 쉼이라는 《탈무드》의 가르침처럼 여러분도 그런 시간을 가져보길 바란다. TV, 스마트폰, 여행, 오락, 일에서 떠나 진짜 자신을 만나는 시간을 가지다 보면 자신이 모든 영역에서 발전하는 것을 경험하게 될 것이다.

자신의 가치를 인정받고자 하는 당신에게
"당신이 휴일을 어떻게 보내는지 돌아보라."

사람 볼 줄 아는 것도
능력

겉모습보다는
속을 들여다보는 안목

매우 현명하고 지혜로웠지만, 얼굴은 못생긴 편인 랍비가 있었다. 그가 어느 날 이웃 나라의 공주를 만났는데, 공주는 그를 보자마자 이렇게 말했다. "총명한 지혜가 못생긴 그릇에 담겨 있군요."

그러자 랍비가 말했다. "공주님, 이 궁궐에 술이 있나요?"

"네."

"그 술은 어떤 그릇에 들어 있는지요?"

"평범한 항아리나 주전자 같은 그릇에 담겨 있죠."

"금이나 은으로 된 그릇도 많을 텐데 훌륭한 공주께서 어찌 그런 보잘것없는 그릇을 쓰시나요?"

그 말에 공주는 금그릇, 은그릇에 담겨 있던 물을 질항아리에 옮겨 담고는, 항아리에 담겨 있던 술을 전부 금그릇과 은그릇에 옮겨 담았다. 그러자 술맛이 변해서 마실 수 없게 되었다. 왕이 화를 내며 소리쳤다.

"누가 이런 그릇에 술을 담았느냐?"

"그러는 게 나을 것 같아서 제가 옮겨 담았습니다. 저를 용서하소서."

공주는 왕에게 용서를 구한 뒤 랍비에게 가서 따져 물었다.

"당신은 어째서 내게 그런 일을 시키신 거죠?"

"매우 귀중한 것도 때로는 싸구려 그릇에 넣어두는 편이 나을 때가 있습니다. 저는 공주님께 그 사실을 가르쳐드리고 싶었습니다."

공주는 랍비의 외모를 비하하는 듯한 말을 했다. 그러자 랍비는 공주에게 술을 담은 그릇과 물을 담은 그릇을 통해 매우 값비싼 내용물도 값싼 그릇에 넣어두는 게 더 나을 수 있음을 가르쳐주었다. 아무리 하찮아 보이는 것도 다 쓰임새가 있고 중요한 존재임을 말하고자 한 것이다.

사람들은 겉모습을 보고 그 가치를 판단하는 습성이 있다. 질항아리는 하찮고 금항아리는 높은 가치가 있다고 판단한다. 그러나 술은 질항아리에 담아야 맛이 좋고, 금항아리에 담으면 맛이 변하듯 각자 맞는 쓰임새가 있는 것이다. 그 쓰임새가 곧 가치다.

가문, 학벌, 재산, 외모 등 겉으로 드러나는 스펙만 보고 사람의 가치를 판단하는 풍조가 만연하다. 하지만 그런 태도는 하나만 알고 둘은 모르는 것이다. 지혜, 인품, 성격, 마음 상태 같은 것은 겉으로 드러나지 않으며 오래 겪어봐야 안다. 스펙이 좋다고 좋은 사람이 아니듯, 스펙은 좋지 않아도 지혜로운 사람이 있다. 그리고 그런 사람이 더 환영받을 때가 있다.

겉모습을 가지고 '이러저러한 사람'이라고 쉽게 판단하는 사회 풍조 탓인지, 요즘 사람들은 인품이나 성격, 마음 상태 등 보이지 않는 부분을 가꾸려는 노력은 상대적으로 적게 한다. 성형수술 및 시술에 많은 투자를 하고, 자격증을 따고 외국어를 배우는 등 평생 스펙 쌓기에 몰두하는 풍조가 만연하다. 반면 자기계발을 위한 독서에는 시간을 투자하지 않는다.

겉모습으로 그 가치를 판단하는 어리석음을 범하지 말라. 겉은 초라해도 그 가치를 알아보는 안목을 기르기를 힘쓰라. 지혜, 성품, 마음 상태 같은 내면은 외모처럼 외과 수술로도 바꿀 수 없고 임기응

변식으로 꾸밀 수도 없음을 기억하자.

외모만 신경 쓴
어리석음의 대가

그런데도 사람들은 내면보다 외면에 더 많은 공을 들인다. 진짜 신경 써야 할 것은 신경 쓰지 않고, 비본질적인 것에 몰두하는 이런 현상을 본말전도(本末顚倒)라고 한다. 순서가 거꾸로 되었다는 뜻이다. 그것이 얼마나 어리석은 일인지 《한비자》의 다음 이야기를 살펴보자.

초나라 사람이 정나라로 진주를 팔러 갔다. 목란(木蘭)으로 상자를 만들고 계수나무와 초(椒)로 향기를 냈다. 상자 걸면에는 주옥을 달고 붉은 보석으로 장식했고, 비취 깃도 달았다. 그런데 정나라 사람은 그 상자만 샀을 뿐 진주는 돌려주었다. 상인은 상자를 잘 팔았다고는 할 수 있지만, 진주를 잘 팔았다고 할 수는 없다.

진주 상인은 진주를 값지게 보여야 했다. 그래야 높은 가격에 진주를 팔 수 있을 것이기 때문이었다. 그런데 상인은 진주에는 아무 공도 들이지 않고, 진주를 포장한 상자에만 한껏 멋을 부렸다. 진주 상자에 주옥과 비취를 달고 계수나무와 초로 향기를 입혔다. 그러자 손님은 진주는 사지 않고 진주 상자만 샀다. 진주 가격이 상자 가격보다 몇십 배, 아니 몇백 배는 비쌀 텐데 상인은 값비싼 진주 대신 값싼 상자만 팔았다. 쓸데없는 수고로 허탕만 친 것이었다.

상인은 진주에 좀 더 공을 들였어야 했다. 진주는 다른 보석과 달리 품질이 변하기 쉬운 보석이다. 햇빛과 열에 의해 탈색 및 변색되기 쉽고 산성 물질에 녹아 요철이 나기도 쉽다. 충격에도 약하다. 비단처럼 깨끗하고 부드러운 천으로 늘 깨끗이 닦아 광을 유지해야 하고 변색되지 않도록 잘 보관해두어야 한다. 흠 없고 광채가 영롱한 진주여야 비싼 값에 팔린다.

손님이 상자 안의 진주에는 관심이 없고 화려하게 장식된 상자에만 눈독을 들였다 하여, 이를 '매독환주(買櫝還珠)'라고 한다. 꾸밈에 현혹되어 정작 중요한 본질은 놓쳤다는 뜻으로 쓴다.

이 진주 상인만이 아니다. 겉으로 드러나는 모습에 정신이 팔려 정말 중요한 것을 놓쳐버리는 어리석은 일들이 얼마나 많이 자행되고 있는지 모른다. 그 어리석음을 깨닫고 돌아서지 않으면 결코 성공할 수 없다.

✡

사람 보는 안목을 키우고 싶은 당신에게
"겉모습에 속지 말고 내면을 보라."

사람을 뽑을 때
평판을 확인한다

외국에서 이민을 온 학자들이 있었다. 그들의 복장은 매우 화려하고 훌륭했다. 이를 본 한 젊은이가 아버지에게 물었다.

"어째서 외국에서 온 학자들은 저렇게 호화로운 복장을 하고 있는 걸까요?"

"그건 그들이 대단한 학자가 못 되기 때문이란다. 훌륭한 옷이라도 입어서 남들의 시선을 끌려는 것이지."

그러자 옆에서 듣고 있던 젊은이의 할아버지가 이야기했다.

"아니다. 아비가 잘못 알고 있구나. 저들이 저렇게 좋은 옷을 입고 있는 이유는 다른 나라에서 이민을 와서 그렇단다. 사람은 자기가 살았던 지역에서는 평판으로 평가를 받지만, 그 지역을 벗어나면 외모로 평가를 받게 되거든."

《탈무드》의 이 이야기는 사람의 평판에 대해서 생각해보게 한다.

누군가의 평판은 그와 오래도록 함께한 사람들로부터 나온다. 그러므로 평판이 그 사람의 진짜 모습일 수 있다. 아무리 좋은 스펙을 가졌다 해도 그 사람의 학식이 어떤지, 얼마나 지혜로운지, 얼마나 정직하고 선한지는 오래 겪어봐야 알기 때문이다.

좋은 옷, 화려한 장식 같은 겉모습도 학벌, 가문, 재산 같은 스펙도 그 사람의 진면목을 말해주지는 않는다. 사람을 제대로 알아보려면 자신의 눈과 주어진 정보만 믿지 말고 그 사람의 평판을 확인해 보아야 한다.

외모가 좋다고 해서 스펙이 훌륭하다고 해서 좋은 평판이 생기는 것은 아니다. 한두 번 좋은 면을 보여주었다고 해서 좋은 평판을 얻는 것도 아니다. 내면이 지혜롭고 정직하고 선해야 할 뿐만 아니라, 그런 속성이 지속적으로 삶의 태도로 나타날 때 비로소 좋은 평판을 얻을 수 있다.

평판이란 당사자가 만들 수 없으며, 오래 함께한 사람들의 입에서 나오는 것이다. 그럴듯하게 꾸민다고 해서, 일시적으로 좋은 사람인 척해서 좋은 평판을 얻기 힘들다. 평판은 평소 생활 태도와 가치관을 반영하므로 인성 및 인품의 축소판이라 할 수 있다.

회사에서 사람을 뽑을 때나 정당이나 정부에서 사람을 등용할 때 이력서만 보고 뽑는 일은 없다. 면접을 보는 것도 필수이지만, 중요한 자리일수록 그 주변 사람들에게 인물의 됨됨이를 물어본다. 평소 회사에서 업무 태도는 어땠는지, 진짜 실력은 있는지, 실력은 있는데 인성이 나빠서 사람 관계가 나빴던 건 아닌지 확인하는 회사가 많다.

정당이나 정부에서 함께 일할 사람들도 마찬가지다. 드러나지 않은 부정행위가 있지는 않은지, 사생활은 깨끗한지 철저히 조사한다. 오래 함께한 사람들이 당사자를 어떻게 이야기하는지가 당락의 아주 중요한 기준이 되기도 한다.

감출 수 없는
사람의 진면목

과거에는 배우자를 소개받아 결혼하는 중매결혼이 많았다. 우리 조상들은 결혼식 당일까지 배우자의 얼굴을 못 보는 경우가 허다했다. 중매결혼 때는 배우자가 어떤 사람인지 알기 위해 다양한 정보를 탐색하기 마련인데, 그중 가장 신뢰할 수 있는 정보는 배우자가 사는 동네 사람들이 들려주는 평판이다. 평판이 좋으면 어느 정도 믿을 수 있는 사람이라고 생각해도 된다. 직장 동료들이 전해주는 평판 역시 신뢰도 높은 정보에 해당한다.

대학입시나 취업에서 평가의 중요한 잣대가 되는 것이 자기소개서이다. 자기소개서는 자신이 어떤 사람인지를 알리는 도구로, 당락을 결정짓는 중요한 요소이다. 그러나 자기소개서보다 더 큰 영향을 미치는 것이 바로 추천서다. 당사자와 오래 함께한 사람이 쓴 추천서일수록 신뢰도는 더욱 높아진다.

《탈무드》에 추천서에 관련된 이야기로 다음 글이 있다.

> 랍비인 아키바가 임종을 앞두고 있었다. 학업성적이 꽤 우수했던 그의 아들이 아버지에게 말했다.
>
> "아버님, 돌아가시기 전에 부디 아버님 친구들에게 제가 얼마나 학문에 뛰어난지, 얼마나 실력이 좋은지 말씀해주십시오."
>
> "얘야, 나는 널 추천해주지 않겠다. 가장 좋은 소개장은 평판이 아니냐?"

좋은 추천서 한 장 써달라는 게 아들의 마지막 부탁일 수도 있는데, 아버지는 그 부탁을 매몰차게 거절한다. 평판이 별로인데 아무리 그럴듯하게 포장한 추천서를 내민다 한들 무슨 소용이 있겠냐는 것이다.

좋은 평판을 얻으려면 평소 작은 일에도 최선을 다하고, 진실한 마음으로 사람을 대해야 하며, 지혜를 얻는 데 열중해야 한다. 그렇게 살다 보면, 군이 자신을 포장하지 않아도 저절로 주변 사람들로부터 좋은 평가를 받게 된다. 좋은 평판은 그렇게 형성되는 것이다.

《중용》 23장은 좋은 평판이 무엇인지를 이야기한다. 영화 〈역린〉에서도 인용한 그 내용은 다음과 같다.

> 작은 일도 무시하지 않고 최선을 다해야 한다. 작은 일에도 최선을 다하면 정성스럽게 된다. 정성스러운 것은 걸으로 드러나고, 걸으로 드러나면 밝아진다. 밝아지면 남을 감동시키고, 남을 감동시키면 변하게 되고, 변하면 생육하게 된다. 그러니 오직 세상에서 지극히 정성을 다하는 사람만이 나와 세상을 변하게 할 수 있다.

좋은 평판을 얻고 싶은 당신에게
"작은 일에도 최선을 다하면 저절로 좋은 평판이 따라온다."

21장

고난을
바라보는 태도

가장 험난한 역사의
주인공 유대인

젊은 두 남녀가 사랑에 빠졌다. 둘은 서로를 평생 사랑하고
평생 서로에게 성실하겠다고 맹세하며 결혼했다. 두 사람은
얼마 동안 순조롭고 행복한 나날을 보냈다. 그러던 어느 날
남편은 아내를 남겨두고 여행을 떠났는데 오랫동안 아무 소
식 없이 돌아오지 않았다.

아내의 친구들이 그녀를 동정하기 시작했다. 남편이 절대 돌
아오지 않을 거라며 비웃는 친구들도 있었다. 아내는 평생 성

실하겠다고 맹세한 남편의 편지들을 읽으며 하염없이 울었다. 편지는 그녀에게 위로가 되었고 슬픔을 견딜 힘을 주었다. 몇 년 후, 남편이 돌아왔다. 아내는 오랜 기다림과 슬픔의 세월을 그에게 호소했다. 남편이 물었다.

"그렇게 괴로웠는데 어째서 나만을 기다리고 있었소?"

그러자 아내가 웃으며 말했다.

"저는 이스라엘과 같으니까요."

어느 부부의 이야기이지만, 이야기 속의 남편을 유대인이 믿는 하나님, 아내를 유대인으로 해석할 수 있다.

유대인의 조국 이스라엘은 70년에 로마제국에 의해 완전히 몰락했다. 2차 세계대전 이후 1948년 5월 14일 영국의 위임통치 종료와 함께 이스라엘은 드디어 독립국으로 나라를 되찾았다. 이스라엘은 그 후 옛 영토를 되찾고자 주변국과 여러 차례 전쟁을 치렀고 동예루살렘을 포함한 지역을 부분 합병했다. 2021년 기준으로 이스라엘 인구는 900만 명가량이지만 이외에도 전 세계에 많은 유대인이 흩어져 살고 있다.

이처럼 70~1948년까지 2천 년 가까운 세월 동안 유대인은 나라를 잃고 세계로 흩어져 살았다. 나라 없이 세계를 방랑하며 온갖 핍박을 겪고 극도의 가난 속에 살면서도 유대인은 하나님의 약속을 믿었기에 희망을 잃지 않았다. 앞의 이야기에서 아내가 읽었다는 남편의 편지는 유대교의 성경을 가리킨다고 할 수 있다.

유대교 성경을 《타나크》라 한다. 《타나크》는 《토라》(율법서) 《네빔》(예언서) 《케투빔》(성문서)으로 분류되며, 그 명칭은 각 머리글자인 T, N, K를 엮은 것이다. 《탈무드》는 그중 《토라》의 주요 가르침에 유대인의 전통을 더해 유대 랍비들이 주석을 단 책이다.

유대인들은 아무리 힘든 상황이 닥치고 엄청난 시련을 겪어도 《타나크》와 《탈무드》를 읽으며 하나님의 약속을 믿고 그 약속이 이루어질 것을 기다렸다.

살다 보면 누구나 힘든 일을 겪기 마련이다. 인생이 온통 꽃길만 같고 장밋빛인 사람은 아마 단 한 사람도 없을 것이다. 특별히 큰 잘못을 저지른 것도 아닌데 너무 가혹한 벌을 받는 것 같을 때가 있다. 그저 정직하게 열심히 살았을 뿐인데 손에 쥔 것은 전혀 없고 오히려 비참한 현실뿐일 때도 있다. 그런 기분이 들 때 당신은 무엇에 희망을 두며 고통의 시간을 이겨내는가? 유대인처럼 무언가 의지할 희망이 있는가?

한민족도 일제강점기, 한국전쟁, 분단을 잇달아 겪은 고난의 근현대사를 지닌 민족이다. 우리나라 같은 근현대사를 겪은 나라도 흔치 않지만, 유대 민족의 역사는 우리보다 한층 더 가혹했다. 유대인의 역사가 고난의 대명사로 쓰일 정도다. 그런데도 유대인이 그 오랜 고난을 극복하고 지금 세계 무대를 주름잡고 있는 것은 하나님의 약속에 대한 믿음 때문이었다.

✡

무너진 삶 속에 놓인 당신에게
"희망은 유일한 열쇠이자 돌파구이다."

나쁠 땐 희망을
좋을 땐 겸손을

한 남자가 나귀와 개를 데리고 여행을 떠났다. 날이 저물어 쉴 곳을 찾던 그는 헛간을 발견하고는 거기서 밤을 보내기로 했다. 잠자기에는 아직 이른 시간이라 그는 작은 등잔에 불을 붙여 책을 읽기 시작했다. 그런데 바람이 불어 등불이 꺼지고 말았다. 하는 수 없이 일찍 잠을 청했는데, 자는 동안 여우가 와서 개를 죽이고 사자가 와서 나귀를 죽이고 말았다.

아침에야 비로소 나귀와 개를 잃은 것을 알게 된 그는 슬픔에 잠긴 채 작은 등잔만 챙기고는 터벅터벅 길을 떠났다. 그런데 이상하게도 그 마을에는 사람이라곤 그림자도 보이지 않았다. 알고 보니 지난 밤 강도 떼가 이 마을을 습격해 모든 집을 약탈하고 모든 사람을 죽였던 것이다. 만일 그 남자도 등불이 바람에 꺼지지 않았더라면, 강도들에게 발각되어 죽음을 면치 못했을 것이다.

만일 개가 살아 있었다면, 개 짖는 소리 때문에도 강도들이 몰려왔을 것이고 나귀가 살았다면 소란을 피워서 결국 발각되었을 것이다. 그는 그 모든 것을 잃어버린 덕분에 살아남을 수 있었다.

그 일을 겪고 난 후 그는 이런 진리를 깨달았다. "사람은 최악의 상태에서도 희망을 잃어서는 안 된다. 나쁜 일이 좋은 일로 바뀔 수도 있다는 사실을 믿어야 한다."

이 남자는 자신의 전 재산이자 가족이라 할 수 있는 나귀와 개를 하루아침에 다 잃고 말았다. 깊은 절망과 슬픔에 휩싸여 길을 떠난 그는 결국 그 일 덕분에 자기 생명을 건졌음을 알게 되었다. 사람의 목숨보다 중요한 것은 없다! 결국 그가 겪은 일은 재앙이 아닌 축복이었다.

살다 보면 재산, 건강, 사랑하는 사람 등 소중한 것을 잃을 때가 있다. 그 모든 것을 한꺼번에 잃는 사람도 드물지 않다. 그런 일이 벌어졌을 때 깊은 상실감에 빠지는 것은 물론이고, 자신에게 재앙이 닥쳤다는 깊은 절망을 극복하기가 쉽지 않다. 그러나 절망하기엔 아직 이르다. 언제 나쁜 상황이 좋은 상황으로 바뀔지 아무도 모른다.

그 반대도 마찬가지다. 지금 아무리 잘나가는 것 같아도 언제 나락으로 빠질지 아무도 모른다. 현재는 결코 영원히 지속되지 않는다. 최악의 상황에서도 희망을 잃어선 안 되고, 아무리 좋은 상황이라 해도 교만해선 안 되는 이유이다.

신의 약속을 믿고
희망을 붙들다

앞서도 이야기했지만, 유대인은 70~1948년까지 2천 년 가까이 되는 기간 나라 없이 전 세계를 방랑했다. 그 기간 유대인은 모국의 땅을 떠나 이베리아반도로, 유럽으로, 다시 아메리카로 떠돌며 공동체를 형성해 살았다. 불가피한 이유로 외국에 흩어져 사는 이들을 디아스포라(Diaspora)라고 한다. 전쟁 난민처럼 일시적으로 해외에 머무는 사람들과 디아스포라는 차이가 있다. 인류 역사에서 유대인 디아스포라가 가장 유명해서 '디아스포라' 하면 유대인 공동체와 동일시하곤 한다.

유대인은 기원전에도 디아스포라를 경험한 바 있는 독특한 민족이다. 고대 이스라엘은 솔로몬왕 이후 남유다와 북이스라엘로 분단

되었는데, B.C.722년경 북이스라엘이 앗수르제국에 의해 멸망했고 남유다는 B.C.587년 무렵 바벨론에 의해 멸망했다. 그 후 B.C.538년 무렵까지 유대인은 본토를 떠나 신바벨로니아에서 디아스포라로 살았다.

유대인 디아스포라들이 희망을 잃지 않고 살 수 있었던 것은 앞서 살펴본 대로 그들의 성경인 《타나크》와 《탈무드》의 약속에 대한 믿음 때문이었다. 그리하여 유대인은 약속의 민족이며 희망의 상징이 되었다. 이스라엘의 국가(國歌)도 '희망'을 뜻하는 '하티크바'라고 한다. 가사에는 "우리의 희망은 아직 사라지지 않았네. 2천 년간 이어져 온 그 오랜 희망은."이라는 문장이 나온다.

유대인들은 제2차 세계대전 중 나치에 의해 대량 학살을 당했다. 공식적인 통계로만 무려 6백만 명이 학살당했다고 한다. 그들이 그 절망적인 상황을 딛고 일어서서 이토록 빠른 시기에 우수한 민족으로 세계 무대를 장악할 것이라고 예상한 사람은 별로 없었을 것이다.

유대인들은 희망의 민족답게 아무리 참담한 재앙을 겪어도 식탁에서 꽃병을 치우지 않았다고 한다. 절대 희망을 놓지 않겠다는 의지의 표현이라 할 수 있다. 바로 그런 희망이 치욕스러운 역사를 영광의 역사로 탈바꿈시켰다.

죽음의 수용소에서
희망을 쓰다

《죽음의 수용소에서》를 쓴 빅터 프랭클은 희망의 유대인을 상징하는 인물이라 할 수 있다. 정신과 의사이자 심리학 박사였던 그는 아우슈비츠 수용소에 갇혀 온갖 잔인한 만행을 겪었으면서도 결코 절망에 빠지지 않았다.

그 증거를 그의 저서에서 볼 수 있는데, 수용소 생활을 기록한 《죽음의 수용소에서》는 나치 당국에 대한 일말의 비난이나 저주 혹은 분노라고는 찾아볼 수 없다. 대신 그는 하루하루 변해가는 개인의 심리만을 온전히 이 책에 담아냄으로써 훗날 정신과 치료와 심리학 분야의 중요한 자료로 쓰이게 한다.

빅터 프랭클은 매일 깨진 유리 조각으로 면도해 항상 깔끔한 상태를 유지했다고 한다. 내일에 대한 희망이 없고 절망으로 하루하루를 살았다면 그렇게 하지 않았을 것이다. 무딘 유리 조각으로 면도하다 보면 얼굴에 크고 작은 생채기가 생기는 걸 피할 수 없었을 것이다. 그런데도 그런 노력으로 그는 하루의 삶을 좀 더 활기차게 보내고자 했고, 수용소 생활 동안 늘 생기 넘치는 모습을 보였다.

아무리 지독한 나치였어도 그런 그를 차마 죽음의 길로 끌고 가지는 못했다. 아우슈비츠에서 살아남은 프랭클은 소망대로 훗날 빈대

학교에서 정신과 및 신경과 정교수가 되었다. 또 수용소 경험을 바탕으로 '로고 테라피(Logotherapie, 의미 치료)'를 개발해 정신과 분야의 한 획을 그었다.

"희망? 뭐라도 있어야 희망을 품지?"라고 누군가는 말할 수 있을 것이다. 그러나 희망은 상황을 보고 품는 것이 아니라 마음으로 품는 것이다. 희망을 바라볼 것인가, 절망하며 포기할 것인가의 문제다.

유대인 속담에 "어둠이 짙을수록 빛은 가까이에 있다."라는 말이 있다. 밤이 깊으면 새벽이 좀 더 가까워진 것이듯 힘든 시간도 반드시 끝이 있기 마련이다. 인생의 어두운 터널 끝에 밝은 태양이 있음을 기억하자.

✡

감당하기 힘든 어려움에 직면한 당신에게
"희망의 끈을 놓지 말고 활기를 잃지 말라."

자신과 타인에 대한
정확한 인식

목숨 걸고
민족의 정체성을 지키다

정체성은 이따금 떠오르는 생각이나 느낌이 아니다. 자신의 밑바탕에 있으면서 어디서 무엇을 하든 세상 모든 것을 보게 하고, 그게 아니면 그 어떤 것도 볼 수 없을 정도로 강한 영향력을 지닌 힘을 정체성이라고 한다.

심리학자 에릭 에릭슨이 내린 정체성에 대한 정의이다. 그의 어머니가 유대인이었다고 한다. 정체성은 나와 타인을 구분해주는 가장 근본적인 특성이며, 자신에 대해 품고 있는 신념이다. 정체성은 오래도록 당면한 상황과 개인의 역할, 관계 속에서 다져진 궁극적 가치를 말하며, 교육을 통해 군건하게 다져지기도 한다.

《탈무드》는 정체성에 관해 다음과 같이 이야기한다.

> 자기 모습대로 살지 않고 다른 사람의 흉내를 내며 사는 사람은 자신을 속이는 사람이다. 자신의 결점과 약점을 모르고 행동하는 것은 지도와 해도를 보지 않고 여행 혹은 항해하는 것과 같다.

《탈무드》는 정체성을 망각한 삶이란 지도도 없이 여행을 떠나는 무모한 행위와 같다고 한다. 정체성을 망각한 삶이란 자기 자신에 대해 정확한 인식이 없는 삶이다. 자신의 결점, 약점, 장점을 정확히 아는 것이 정체성 인식의 일부이다.

위기의 상황일수록 자신이 어떤 사람인지, 자신의 정체성을 명확히 알아야 해결책을 찾을 수 있다. 선택의 갈림길에서 자신을 위한 올바른 선택은 오직 자기 자신만이 알 수 있다.

유대인은 나치 학살 같은 끔찍한 일을 겪으면서도 희망을 붙들고 그 희망을 현실로 만들 수 있었는데, 그럴 수 있었던 것은 바로 민족의 정체성에 대한 뚜렷한 인식이 있어서였다. 유대인은 자기 목숨을 내줄지언정 민족의 정체성은 잃지 않았다.

정체성 확립이
교육의 목적

유대인의 정체성 인식과 그것을 지켜내는 힘은 교육을 통해 길러지고 후대로 전승되었다. 그래서 세계 각지에 흩어졌던 유대인 디아스포라는 어느 곳에 정착하든지 학교부터 세웠다.

어떤 지역에 이웃 나라의 유명한 학자가 찾아왔다. 지역 대표가 그를 안내해 지역의 안보 상태를 확인시켜 주었다. 변경 지대를 방문해 병사들이 가득한 한 군영에 들렀다. 성벽이 둘러쳐진 곳을 둘러보기도 했다.

지역 대표의 안내에 따라 숙소에 돌아온 학자가 말했다. "나는 아직 이 지역이 어떻게 지켜지고 있는지 보지 못했습니다. 지역을 지키는 것은 병사가 아니라 학교입니다. 왜 나를 제일 먼저 학교로 데리고 가지 않았습니까?"

《탈무드》는 나라를 지키는 것은 병사가 아니라 학교라고 한다. 어디 유대인뿐이겠는가? 어느 나라든 튼튼한 안보의 기초는 군사가 아닌 교육이다. 유대인은 이 가르침에 따라 늘 교육을 가장 우선시했다. 학교를 중심으로 신앙 공동체를 세웠고 랍비를 중심으로 국가에 버금가는 공동체를 운영했다.

교육의 목적은 유대 민족의 정체성을 심어주는 것이었다. 유대인의 정체성은 곧 유대교 신앙이었다. 유대인의 선민사상(시오니즘)이 학교를 통해 지금까지 이어지고 있는 까닭이다.

✡

삶의 중심을 잡지 못하고 흔들리는 당신에게
"자신이 어떤 사람인지를 먼저 알라."

자신을 아는 것이
성공의 첫걸음

아무리 가난한 사람이라도 누군가에게 고용되지 않은 사람은 없다. 가장 의지가 되는 고용주는 바로 자기 자신이다. 그 고용주의 장점, 단점, 습관을 충분히 아는 것이 성공을 위해 가장 필요한 일이다.

《탈무드》는 우리는 모두 자기 자신의 고용주라고 말한다. 회사에서 고용주를 잘 아는 것은 직장에서 성공하기 위한 필수 조건이다. 고용주의 생각을 모르고 자기가 좋을 대로 아무리 최선을 다한들 그 고용주에게 인정받을 수 없다. 직원이라면 고용주의 장점, 단점, 습관, 계획 등을 꿰뚫고 있어야 한다. 직원의 운명은 고용주에게 달렸다고 해도 과언이 아니다.

인생이라는 긴 여정에서 우리는 자기 자신에게 고용된 존재다. 고용주인 자기 자신을 잘 모르면 인생에서 성공할 수 없다. 우리는 자기 자신에 대해 다 안다고 생각하지만, 그렇지 않다. 우리는 자신을 정확히 알지 못할 뿐만 아니라, 잘 알고 있다는 착각 속에 살아가기가 쉽다.

적어도 자신은 무엇을 좋아하고 싫어하는지, 자신의 장점은 무엇이고 단점은 무엇인지, 가치 기준은 무엇이고 어떤 신념을 가지고 있는지 정도는 명확히 알고 있어야 한다. 그것이 곧 정체성이다. 자신의 정체성에 대한 분명한 인식이 있어야 인생의 길에서 성공을 거둘 수 있다.

정체성을
잃어버린 자의 불행

"나는 누구인가?"라는 화두를 던진 뮤지컬 영화 〈레미제라블〉(2012)이 있다. 원작은 빅토르 위고의 프랑스 소설 《레미제라블 (Les Misérables)》(1862)로 제목처럼 빈곤 계층을 주제로 한 대하소설이다. 2012년 개봉한 영화는 정체성에 대해 생각해보게 한다.

주인공은 빵 한 조각을 훔친 죄로 19년 동안 감옥살이를 한 장발장이다. 그는 출옥했지만 죄인으로 낙인찍혀 갈 곳이 없었다. 그때 그의 손을 잡아준 주교가 있었다. 그러나 장발장은 은혜를 저버리고 주교의 은그릇과 은촛대를 훔친다. 경찰의 감시 대상이었던 장발장은 곧바로 도둑으로 붙잡힌다. 그런데 주교는 장발장의 죄를 아무 조건 없이 용서해준다. 주교의 사랑에 힘입어 장발장은 제2의 인생을 시작한다.

장발장의 죄를 밝혀내려고 그를 집요하게 수사하던 자베르 경감이 있었다. 장발장은 점점 좁혀오는 자베르의 수사망을 벗어나려고 마들렌이라는 인물로 변신해 새로운 인생을 꾀한다. 마들렌이 된 장발장은 결국 한 도시의 시장이 되어 가난한 사람을 도우며 꿈꾸던 인생을 산다.

그러던 어느 날 자베르 경감으로부터 장발장이 잡혔다는 소식을 듣는다. 장발장과 많이 닮은 사람이 장발장으로 오해를 받아 체포된 것이다. 장발장은 자신 때문에 무고한 사람이 억울한 누명을 쓰고 고통당하는 것을 그냥 지나칠 수 없었다. 자신의 정체를 고백해야 할지 말아야 할지, 깊은 고뇌에 빠진 장발장. 그때 장발장이 부른 노래가 "Who am I(나는 누구인가)?"이다.

(중략)

나는 누구인가?

영원히 나를 숨길 수 있을까?

예전의 내가 아닌 척하면서?

죽을 때까지 내 이름은

알리바이에 불과해야 할까?

거짓말해야 할까?

어떻게 내 동료들과 마주할 수 있을까?

진짜 나 자신과는 어떻게 다시 마주할 수 있을까?

내 영혼은 하나님 것인데

아주 오래전부터 그랬는데

희망이 사라졌을 때 하나님은 내게 희망을 주셨고

계속해서 살아갈 힘을 주셨는데!

나는 누구인가?

나는 누구인가?

장발장은 "나는 누구인가?"라고 묻고 또 묻는다. "나는 시장 마들 렌인가? 장발장인가? 아니면 죄수 24601호인가?" 무수한 질문과 답변을 거쳐 그는 자신이 장발장임을 확인한다. 그는 결국 자수하기 위해 경찰서를 향한다.

누군가에게 정체성은 평생에 걸쳐 계속되는 고민일 수 있다. 인생의 갈림길에서 중요한 선택을 할 때 정체성에 대한 고민은 더욱 깊어진다. "나는 과연 누구인가?" 그 의문에 답을 찾는 것이 무너진 삶을 회복하는 시작점이 될 것이다.

✡

여러 가지 고민이 깊은 당신에게
"내가 누구인지 묻고 답을 찾아라."

자기 자신에게
취하지 말라

이 세상에서 가장 가엽고 불행한 사람은 자기 자신에게 취해 지나치게 자기만 의식하는 사람이다.

《탈무드》는 자기 자신에게 취한 사람을 가장 불쌍하고 가장 불행한 사람이라고 말한다. 자신에게 취한 사람이란 곧 자기중심적인 사람이다. 자기중심적인 사람은 세상이 자신을 중심으로 돌아간다고 생각하고 늘 자기 입장에서만 생각한다. 사람들이 늘 자기만 보고 있다고 생각하고 다들 자기에게 반했다고 착각하기도 한다.

자기중심적인 사람은 좋은 일이 생기면 다 자기 덕, 나쁜 일이 생기면 모두 남 탓을 한다. 내가 한 잘못은 모든 게 이유가 있고 정당화되며 남의 실수는 크게 부풀리고 비난한다. 명백한 실수나 잘못을 한 경우에는, 남들에게 손가락질당할까 봐 두려워 자기를 변명하고 남을 비난한다. 정작 남들은 아무 관심도 없는데도 말이다.

유대인은 세상의 중심을 자신이 아닌 하나님으로 생각한다. 사람들의 평가나 판단에 휘둘리지 않고 하나님의 시선으로 자기 자신을 냉철히 바라보려고 한다.

《탈무드》 해설가로 유명한 마빈 토케이어는 다음과 같이 이야기한다.

> 내 실패를 남들이 항상 비웃고 있다고 생각하는 사람들이 있다. 남들이 종일 자기 자신을 주시하고 있다고 착각해서 그렇다. 그런 사람들은 실패하면 자신감을 잃고 또 실패할까 봐 아무 일도 못 한다. 그러나 남에게 관심을 둘 만큼 한가한 사

람은 많지 않다. 아니 남들에겐 관심도 없다. 당신이 조금 잘 못했다고 주눅들 필요가 없다. 어차피 신이 아닌 이상 인간은 누구나 실수한다.

유대인은 역사적으로 타민족에게 가장 많은 조롱과 비웃음을 당한 민족일 것이다. 그런 조롱과 비웃음에 흔들렸다면 그들은 이미 역사 속으로 사라진 종족이 되었을지 모른다. 그러나 유대인은《탈무드》의 가르침처럼 남들의 시선을 의식하지도 않았고 자신의 성취에 취하지도 않았다. 오직 하나님을 바라보며 믿음으로 정진했다.

누군가의 칭찬에 으쓱하지 말라. 진심으로 남을 칭찬하는 사람은 흔치 않다. 누군가의 조롱에 무너지지도 말라. 그들 역시 남을 조롱할 자격이 없는 사람들이다. 남들의 한마디에 일희일비하면 삶은 불행해진다. "세상에서 가장 불행한 사람은 자신을 지나치게 의식하는 사람"이라는《탈무드》의 가르침을 기억하자.

✡
타인의 칭찬에 우쭐대는 당신에게
"당신이 우쭐대는 순간 그 칭찬은 조롱으로 바뀔 것이다."

남들의 판단에
흔들릴 필요 없다

내가 만일 나를 위하지 않는다면, 도대체 나는 누구를 위한
다는 말이냐? 내가 만일 나 자신을 위해 존재하지 않는다면,
나는 누구를 위해 존재해야 한다는 말이냐?

《탈무드》는 가장 먼저 '나'라는 존재를 위하고 '나'를 위해 존재하
라고 가르친다. 바꿔 말하면, 남들의 시선과 판단이 '나'의 고유한 가
치보다 앞서서는 안 된다는 이야기이다. 우리 개개인은 모두 소중한
존재이기 때문이다. 특별히 잘하는 것이 없어도, 남에게 도움을 주
지 못해도 존재 자체만으로도 가치가 있다. 남들이 손가락질하든,
조롱하든 그들의 판단에 흔들릴 필요가 없는 이유이다.

그러나 많은 사람이 남들의 시선을 지나치게 의식하며 산다. 왜
그럴까? 겉모습에 따라 받는 대우가 달라지기 때문이다. 돈이든 스
펙이든 그럴듯하게 내세울 게 없으면, 가치를 제대로 인정받지 못하
고 무시당하는 사회에서 우리는 살고 있다. 자신의 존재 가치가 아
예 없다는 생각에 이르러 자기 비하에 젖어 사는 사람도 많다. 그러
니 남에게 좋은 대우를 받기 위해, 무시당하지 않기 위해 겉모습에
그토록 많은 신경을 쓰는 것이다.

그렇게 남들의 시선을 의식하는 사이 정작 중요한 자기 자신은 돌보지 않고 내팽개치는 경우가 많다. 자신의 가치를 높이려는 노력은 뒷전이 될 수 있다.

허름한 옷차림을 한 두 명의 가난한 학자가 이 마을 저 마을로 여행하고 있었다. 그들은 한 마을에 이르러 부잣집의 문을 두드려 재워달라고 부탁했다. 부자는 두 사람의 행색을 훑어보더니 그 부탁을 거절했다. 결국 두 사람은 그 마을에서 자선 사업을 하는 사람의 집에서 머물게 되었다.

1년 뒤 두 사람은 아주 이름 높은 학자가 되었다. 두 사람은 다시 여행을 떠났다. 전에 방문했던 마을에 들르게 된 두 사람은 마침 그들을 거절했던 부자를 만났다. 부자는 두 사람이 타고 있는 말들이 훌륭한 종자인 데다 두 사람이 매우 저명한 학자임을 알고는 둘을 재워주겠다고 자청했다.

그러자 두 사람은 부자의 제의를 한마디로 거절했다. 부자는 자기 집이 그 마을에서 제일 훌륭해서, 마을을 대표해 손님들을 유숙시키고 있다고 덧붙였다. 그러자 그중 한 명이 이렇게 말했다.

"고마운 말씀이지만, 저희는 됐고 이 말들만 재워주셨으면 합니다."

"말들을요? 당신들은 왜 싫다는 거죠?"

"실은, 우리는 작년에도 이 마을을 지나치다가 당신의 집 문을 두드린 적이 있습니다. 그때 당신은 저희의 허름한 행색을 보고 재워주기를 거절했죠. 그런데 지금은 우리 옷차림과 훌륭한 말을 보고 재워주시겠다는 건가요? 우리는 됐고 말 두 마리만 하룻밤 묵게 해주셨으면 합니다."

부자는 하룻밤 재워달라는 가난한 학자들의 부탁을 단칼에 거절했다가, 이들의 행색이 달라지니 오히려 자기가 먼저 그들을 재워주겠다며 청한다. 겨우 1년 만에 같은 사람에 대한 대우가 이렇게 180도 변한 것이다.

우리의 현실은 여기서 두 학자가 겪은 사연에 한층 더 가깝다. 두 학자가 그들을 무시하던 부자 때문에 마음이 흔들리고 절망했다면 어떻게 되었을까? 아마도 1년 만에 저명한 학자가 되지는 못했을 것이다. 부자의 무시와 조롱이 그들의 자존감을 흔들지 못했다.

유대 심리학자 알프레드 아들러의 개인심리학을 토대로 《미움받을 용기》라는 베스트셀러를 집필한 일본 철학자 기시미 이치로의 다음 글을 살펴보자.

• 철학자: 남이 나에 대해서 어떤 평가를 내리든 마음에 두지

않고, 남이 나를 싫어해도 두려워하지 않고, 인정받지 못한다는 대가를 치르지 않는 한, 자신의 뜻대로 살 수 없어. 자유롭게 살 수 없지.
- 청년: 선생님은 지금 저더러 남에게 미움을 받으라고 말씀하시는 겁니까?
- 철학자: 미움받을 것을 두려워하지 말라는 뜻일세.

여기서 자신의 뜻대로 산다는 것은 방종이 아닌 진정한 자유를 의미한다. 남에게 미움받을 각오가 되어있지 않으면 영원히 자유를 포기하고 남에게 얽매이게 된다는 뜻이다. 저자는 남들의 생각보다는 스스로 가치 있다고 생각하는 것에 더 관심을 두라고 조언한다. 자신의 단점이나 결점에 집중하기보다는 작은 장점이라도 자신이 할 수 있는 것에 집중하라는 이야기다.

남들 시선 따위는 신경 쓰지 않고 자기 자신만 생각하면 이기적인 사람, 이기적인 세상이 되는 건 아닐까? 그렇지 않다. 자신의 존재 가치는 타인과 공동체에 이바지하는 점이 있을 때 확인되는 것이기 때문이다. 결국 자기 자신의 가치에 집중하는 것이 공동체를 위하는 길이고, 공공의 선을 얻는 길이다.

내 가치를 아는 것이
공공의 선이다

> 다른 사람을 미워하는 사람은 악한 사람이다. 그러나 자기
> 자신을 미워하는 사람도 악한 사람이다

《탈무드》는 미움을 악으로 규정하는데, 그 미움의 대상이 다른 사람이든 자기 자신이든 동일하게 악이라고 한다. 자신을 미워하는 게 왜 악일까?

자신에 대한 미움은 자신의 존재 가치가 없다는 생각에서 비롯된 감정이다. 그러나 《탈무드》는 누구에게나 고유한 존재 가치가 있고 이는 하나님이 부여하는 것이라고 한다. 그 가치를 모르고 인정하지 않는 것은 하나님이 틀렸다고 말하는 것과 같다. 그래서 자신을 미워하는 것도 남을 미워하는 것도 악이다.

유대인은 자신의 존재 가치를 늘 잊지 않았다. 하나님이 각 개인에게 부여해주신 고유한 가치를 발견하고 그 가치를 발전시켜 공동

체의 선을 이루고자 했다. 유대인의 자존감은 그렇게 형성되었다. 스스로 잘났다는 선언이 아니라 하나님의 권한을 인정하는 태도가 바로 자존감으로 나타난 것이다. 따라서 자신의 존재 가치를 인정하는 것이야말로 공동체의 선을 이루는 첫 출발점이다.

미국의 심리학자이자 다중지능이론을 창시한 하워드 가드너는 "세상을 바꾸고 싶다면, 한 가지만 변화시키면 된다. 그것은 자기 자신에 대한 자신의 인식이다."라고 말했다.

프랑스 철학자 몽테뉴도 다음과 같이 말하며, 자신의 가치에 대한 왜곡된 판단을 경계하라고 한다.

> 그대를 아는 것은 그대뿐이다. 다른 사람들은 그대를 보지 못한다. 그들은 불확실한 추측으로 그대를 짐작할 뿐이다. 그들은 그대의 기교를 보겠지만, 그대의 본성은 보지 못한다. 그들의 판결에 매이지 마라. 오직 그대 자신의 판결에 매여라.

당신은 이 세상에 하나밖에 없는 소중한 존재다. 누가 뭐라고 하든 당신은 당신만이 부여받은 존재 가치가 있다. 그리고 그 가치는 다른 사람이 왈가왈부할 사항이 아니고 오직 당신 자신만이 발견하고 인정하면 된다. 당신의 가치는 남이 매겨주는 것이 아닌 절대적으로 존재하는 것임을 기억하라.

《청춘아, 가슴 뛰는 일을 찾아라》의 저자 김해영의 이야기를 잠깐 나눠보겠다. 김해영의 아버지는 딸로 태어났다는 이유로 그녀를 아기 때부터 학대하다가, 어느 날 술에 취한 채 그녀를 던져버렸다. 그때 김해영은 척추를 다쳐 키가 134센티미터에 멈췄다.

그녀의 어린 시절은 비참했다. 지독한 가난과 가정불화로 지옥 같은 하루하루를 보냈다. 허구한 날 술주정을 부리던 아버지가 돌아가시자 이제는 어머니의 학대가 이어졌다. 남편의 죽음이 김해영 때문이라고 생각한 어머니는 그녀에게 온갖 욕설을 퍼붓고 구박했다. 심지어 식칼을 들이대며 죽이겠다는 협박도 했다. "너 같은 건 태어나지 말았어야 했어!"라는 말을 김해영은 귀에 못이 박히도록 들었다.

더는 집에서 살 수 없었던 김해영은 열다섯 살에 집을 떠났다. 월급 3만 원에 남의 집 식모살이를 하면서 무료직업훈련소에서 기계편물 기술을 배웠다. 그러던 어느 날 주변 도움으로 교회에 다니기 시작하면서, 그때부터 삶을 바라보는 자세가 달라졌다. 하나님이 그녀에게 부여한 존재 가치를 발견한 것이다.

그녀는 이렇게 생각을 바꾸었다. "장애를 입은 게 나 때문이 아니구나. 나도 잘할 수 있는 게 있구나. 나도 가치 있는 일을 할 수 있는 사람이구나."

그때부터 김해영은 스스로 삶을 감당할 수 있음을 깨닫고는 삶의 주인으로서 막중한 책임감을 느꼈다. 한때 삶을 포기하려 했던 것을 진심으로 뉘우쳤다. 김해영은 자신의 단점과 결점에 초점을 맞추던 시선을 돌려 자신이 할 수 있는 일에 고정시켰다. 그러자 열정이 샘솟기 시작했다.

김해영은 편물 기술 분야 기능대회에서 금메달을 휩쓸며 명실상부한 대한민국 최고의 편물 기술자로 거듭났다. 아프리카 보츠와나 직업학교에서 14년 동안 아이들에게 편물 기술을 가르치는 동시에 가난한 환경의 아이들을 도왔다. 직업학교 아이들은 김해영에게 늘 "예쁘다."라고 말해주었다.

김해영은 더 많은 사람을 돕기 위해 유학해 석사학위를 땄다. 지금 그녀는 국제사회복지사로서 전 세계를 다니며 삶의 희망을 나누는 희망 전도사로 일하고 있다.

김해영은 사람들 앞에 서면 늘 다음과 같은 말들을 한다.

"인간은 인간이라서 아름답습니다. 사람은 사람이라서 값어치가 있는 것입니다."

*****

"그렇고 그런 인생은 없습니다. 자신은 이 세상 무엇과도 바꿀 수 없는 소중한 존재입니다."

*****

"사람은 누구나 저마다의 값어치가 있습니다. 태어날 때는 자신이 얼마만큼의 값어치인지 아무도 모릅니다. 그래서 남들이 '너는 천 원짜리야!' '너는 만 원짜리야!' 하고 가격표를 붙이면 그 가격이 자신의 값어치인 줄 믿습니다. 하지만 시장에서 물건 가격을 정하는 것은 손님이 아니라 주인입니다. 여러분의 값어치를 정하는 것은 세상이 아니고 여러분 자신입니다."

자신의 존재 가치를 모르는 당신에게
"자신에 대한 인식부터 바꿔보라."

남 탓을
하지 않는다

먼저 자기 자신과
싸워 이겨라

자기만큼 어려운 적군은 없다. 자기에게 이기는 자는 적수가 없다. 타인을 이기려 하기보다 우선 자신을 이겨라. 매일이 자신과의 싸움이다. 싸우는 상대를 잘 알지 못하면 절대로 이길 수 없다.

인생은 사방에 적이 깔린 전쟁터이다. 인생은 사방에 경쟁 상대가 득실대는 정글이다. 전쟁터이자 정글인 인생에서 가장 이기기 힘든 상대는 누구일까? 사회 시스템일까? 경쟁 상대의 실력일까? 금수저, 흙수저 같은 계급론일까?

《탈무드》는 인생에서 가장 넘어서기 힘든 적을 '자기 자신'이라고 한다. 자기 자신만 이기면 적수가 없다고 한다. "적을 알면 백전백승" 이라는 말도 있듯이 자신과의 싸움에서 이기려면 자기 자신을 잘 알아야 한다고 《탈무드》는 덧붙인다.

많은 사람이 싸움의 대상을 외부에서 찾지만, 진짜 싸움의 대상은 내부에 있는 경우가 많다. 유대인들은 싸움의 대상을 항상 내부에서 찾았다. 유대인은 어린 시절부터 "먼저 자신과 싸워 이겨라. 그런 다음 사회와 싸워라."라고 교육받는다. 자신과의 싸움에서 이기지 못하면 다른 싸움에서도 승리하지 못한다고 여기는 것이다.

유대인은 걸음마를 떼는 순간부터 혼자 힘으로 어려운 상황을 이기도록 가르친다. 혼자 걸을 수 있게 되면 험한 산도 스스로 오르내리도록 한다. 부모는 위험해지지 않도록 돕는 역할에 불과하다.

유대인의 성인식은 비교적 빠르게 남자는 13세, 여자는 12세에 치른다. 우리로 치면 초등학교 6학년에 유대인은 성인이 되는 것이다. 성인식을 치른 사람을 바르 미츠바 또는 바트 미츠바라고 하는데, 히브리어로 바르는 아들을, 바트는 딸을, 미츠바는 율법을 의미한다. 성인식을 마친 사람들에게 "바르(바트) 미츠바가 되었다."라고 표현한다.

성인식에서 성년의례를 치르는 주인공은 하객들 앞에서 《토라》의 주요 구절을 낭독하고 《탈무드》에 나오는 가르침에 대해 나름의 해석을 덧붙여 발표한다. 미리 주어진 질문에 대해 답을 찾고 발표하는 시간도 가진다.

성인식을 행하는 목적은 자주적이고 독립적인 인격체로 성장할 수 있도록 하기 위함이다. 성인식을 치른 뒤에는 결혼할 수 있을 뿐만 아니라, 유대교 율법 및 윤리에 대해서도 책임을 져야 한다.

우리 삶은 가시밭길 같다. 하루가 멀다 하고 가시에 걸려 넘어지고 상처를 입는다. 끊임없는 경쟁에서 살아남아야만 한 걸음 나아갈 수 있는 힘든 세상이다. 그렇다고 이 싸움을 포기하고 삶의 터전을 떠날 수도 없다. 전쟁 같은 삶터에서 좌절하고 낙심하고 코를 빠뜨리고 있어서는 희망의 빛을 보기 힘들다. 인생의 가장 큰 적수인 '나'를 알고 '나'를 이기라. 그러면 세상에 무서울 게 하나 없을 것이다.

경쟁이 무서운 당신에게
"독립적이고 자주적인 사람부터 돼라."

자신을
똑바로 보는 법

북쪽 바다에 '곤'이라는 물고기 한 마리가 살았다. 곤은 둘레
가 몇천 리인지 알지 못할 정도로 거대한 물고기였다. 곤이 변
해서 새가 되었는데, 그 새의 이름은 '붕'이었다. 붕은 등짝이
몇천 리인지 알지 못할 정도로 거대한 새였다. 붕이 가슴에
바람을 가득 채우고 날면, 양 날개는 하늘에 걸린 구름 같았
다. 붕은 바다가 움직일 때 남쪽 바다로 여행하려고 마음을
먹었다.

– 《장자(莊子)》 〈내편(內篇)〉 '소요유(逍遙遊)'

《장자》 〈내편〉에 실린 붕새 이야기는 곤이라는 물고기가 붕이라는
새로 변형되는 과정을 묘사한다. 이 이야기를 통해 사람이 어떻게
변화되고 달라지는지를 생각해보도록 하자.

붕새는 실재하지 않는 허구의 새다. 장자는 허구의 붕새를 통해
자신이 추구하는 이상적인 사상 체계를 설명하고자 했다. 자고로
하나의 사상이란 물고기가 새가 되듯 본질적인 변화를 겪어야 한다
는 이야기다.

한 개인도 마찬가지다. 태어난 그대로 살아야 할 이유는 없다. 누

구나 인생의 여정에서 본질적인 변화를 겪을 수 있고 또 겪어야 한다. 그런 변화는 어떤 과정을 통해 일어나는지 붕새 이야기를 좀 더 자세히 들여다보자.

붕새는 원래 북쪽 바다 밑에 사는 물고기였다. 북쪽이란 어딘가 모르게 춥고 음침한 느낌을 준다. 곤은 크기는 어마어마했지만, 아직 존재감이 없었다. 곤의 가능성은 컸지만, 아직은 미완의 존재였다.

곤은 변해서 붕이라는 거대한 새가 되었다. 그러나 그 크기가 어마어마해서 붕새가 비행하려면 엄청난 바람이라는 동력이 필요했다. 그래서 붕새는 바다에서 파도가 칠 때를 기다렸다. 큰 파도가 일렁일 때 부는 바람을 동력 삼아 춥고 음침한 북쪽을 떠나 따뜻하고 밝은 남쪽으로 이동하려고 했다.

사람도 혼자 힘으로는 본질적인 변화를 이뤄낼 수 없고 외부의 도움이 필요하다. 누구나 고유한 가치가 있고 내면의 힘이 있지만, 그것을 끌어낼 지렛대가 필요하다. 그 지렛대는 사람마다 다르다. 뚜렷한 삶의 목표, 가족, 인생의 소명이나 비전이 지렛대일 수 있다. 유대인에게는 공통적인 지렛대가 있는데, 바로 유대교라는 신앙이 그것이다. 《탈무드》를 통한 교육과 훈련 또한 그 신앙의 일부다.

붕새가 하늘로 날아오르기 위해서는 자신의 의지와 노력도 중요하다. 아무리 거센 바닷바람이 불어도 스스로 날개짓을 하지 않으면 날 수 없다. 물고기에서 새로 변신하는 데 성공했다고 해서 끝이 아니다. 새에 걸맞은 비상을 하지 않으면 새라고 할 수 없다. 부지런히 날개를 움직이는 수고가 계속되어야 한다.

다른 사람의 도움도 중요하지만 변화의 주체는 결국 자기 자신이다. 아무리 남들이 도와줘도 자신의 의지가 없고 노력하지 않으면 아무 일도 일어나지 않는다.

하늘에 오르면 보이는 것이 달라진다. 붕새가 하늘에서 본 것을 장자는 다음과 같이 이야기한다.

> 저 아래 땅에는 아지랑이가 피어오르고, 티끌이 날고, 생물들이 서로 숨을 불어주고 있다. 위를 보니 하늘은 푸르기만 하다. 이것이 원래 하늘의 올바른 색일까? 끝없이 멀기 때문에 푸르게 보이는 것은 아닐까? 붕새가 나는 구만리 상공 위에서 지상을 내려다보아도 또한 저러할 뿐이다.

높은 하늘 위에서 땅을 내려다보면 세상의 민낯이 보인다. 땅 위의 삶은 별것도 아닌데 아웅다웅하며 살았던 지난날이 허망하다. 대단한 것도 아닌 것에 마음을 쓰고 살았던 자신이 어리석게 느껴진다. 높은 하늘에서 땅을 내려다보듯, 가끔은 자기 자신과 떨어져 인생을 관망해보자. 그러면 인생도 자기 자신도 똑바로 보일 것이다.

자신이 어떤 존재인지 아는 가장 좋은 방법은 '거리 두기'이다. 즉 자신을 객관적으로 바라보는 것이다. '거리 두기'를 강조한 철학자가 있는데 바로 니체다. 니체는 《이 사람을 보라》에서 다음과 같이 이야기한다.

자기 자신을 하찮은 사람으로 깎아내리지 말라. 그런 태도는 자신의 행동과 사고를 꽁꽁 옭아매게 한다. 무슨 일을 하더라도 자기 자신을 사랑하는 것으로부터 시작하라. 지금까지 살면서 아직 아무것도 이루지 못했을지라도 자신을 항상 존귀한 존재로 사랑하고 존경하라. 자기 자신을 사랑하는 사람은 결코 악한 일을 하지 않고 누구로부터 손가락질받을 일도 저지르지 않는다. 그런 태도가 미래를 꿈꾸는 데 있어 가장 강력한 힘으로 작용한다는 사실을 절대로 잊지 말라.

고난과 역경에 주저앉고 싶은 마음을 이겨내고 싶은가? 그렇다면 먼저 자신을 사랑하라. 자신의 장점을 발견하고 할 수 있는 것에 집중하면 결코 좌절하거나 포기할 수 없다. 그럴 때 우리는 다시 일어설 수 있다. 우리 앞에 놓인 숱한 난관도 자신을 사랑할 때 극복할 수 있다.

✡
다시 일어서고 싶은 당신에게
"자신의 장점을 직시하고 자신을 사랑하라!"

절대 강자도
절대 약자도 없다

세상에는 약자이면서도 강자를 두렵게 만드는 네 가지가 있다. 모기, 거머리, 파리, 거미가 그렇다. 모기는 사자를, 거머리는 코끼리를, 파리는 전갈을, 거미는 매를 공포에 떨게 한다. 아무리 크고 힘이 세다 해도 늘 두려운 존재인 것은 아니다. 아무리 약하다 해도 용기가 있다면 강한 자를 이길 수 있다.

세상에 절대 강자는 없다. 모기, 거머리, 파리, 거미는 언뜻 생각하면 작고 하찮은 미물에 불과하다. 그러나 이들은 각각 사자, 코끼리, 전갈, 매 같은 맹수들을 두려움에 떨게 한다. 성경에 나오는 거인 장수 골리앗도 미간이 비어 있는 약점이 있었다. 객관적으로는 결코 골리앗의 적수가 안 되었던 어린 다윗은 그 약점을 노려 골리앗을 무찔렀다.

아무리 크고 강한 존재라 할지라도 약점은 있고, 그 약점을 찾아

공략하면 어떤 싸움에서도 충분히 승산이 있다. 불가능한 싸움은 없고, 다만 도전과 시도를 두려워하지 않는 용기가 필요할 뿐이다.

우리는 하루에도 몇 번씩 자기 자신과 싸운다. 가장 큰 적수는 바로 자기 자신임을 앞서도 이야기했다. 게으르고 안일한 생각, 포기하고 싶은 나약한 마음, 쉽게 상처받는 마음 등등을 넘어서지 않으면 결코 앞으로 나아갈 수가 없다.

전쟁에 나서는 군인은 상처를 두려워해선 안 된다. 마찬가지로 자신과의 싸움에서도 아프고 피곤하고 힘든 것은 당연한데 그게 두려워 머뭇거리면 싸우기 전부터 이미 진 것이다. 어떤 어려움이 있어도 이겨내겠다는 용기가 필요하다.

자신에게 지지 않는 용기는 어디서 나올까? 그건 아마도 흔들리지 않는 자신감일 것이다. 자신감은 자기 능력에 한계를 긋지 않을 때 생긴다. 자신감은 뭐든지 시도하고 도전해보는 돌파 정신이라는 점에서 용기와 쌍을 이룬다. 자신감이 생기면 용기도 저절로 생긴다.

> 삶이 힘든 것이 아니라 나 자신이 힘든 것이다. 어려움에서 나를 구출해내는 것도, 곤경에 빠뜨리는 것도 나 자신이다. 진정한 의미에서 나를 방해할 수 있는 사람은 아무도 없다. 뭔가 일이 풀리지 않는다고 생각될 때 자신이 했던 말과 행동을 추적해보라. 그러면 알게 될 것이다. 항상 당신을 가로막은

것은 당신이었다.

– 《항상 나를 가로막는 나에게》 알프레드 아들러 저 변지영 역 카시오페아

심리학자 알프레드 아들러도 자신과의 싸움을 중요시했다. 승리의 영광은 자신과의 싸움에서 이기는 것에서 비롯됨을 기억하길 바란다.

기죽고 주눅 든 당신에게
"용기를 발휘해서 강자를 쓰러뜨려라!"

가장 지혜로운 선택으로
이끄는 《탈무드》

유대인들은 《토라(율법서)》와 《탈무드》를 평생의 스승으로 삼
고 늘 가까이한다. 《토라》와 《탈무드》는 유대인에게 단순한 경전이
아닌 삶의 실질적인 이정표다.

《토라》란 기독교에서 말하는 《구약성경》의 모세오경, 즉 창세기,
출애굽기, 레위기, 민수기, 신명기를 말한다. 《토라》는 헌법의 역할을
하는 '성문 토라(Written Torah)'에 해당하고 모세오경을 제외한 《구약
성경》의 나머지 부분을 '구전 토라(Oral Torah)', 즉 《미쉬나(Mishna)》

라고 한다. 《미쉬나》는 헌법에 기초한 일반 법률이라고 볼 수 있다.

《미쉬나》는 율법의 핵심적인 것만을 압축해 놓은 것으로, 일상생활에 필요한 내용들을 담고 있다. 유대인들은 《미쉬나》를 잘 이해하기 위해 본문에 해석을 덧붙이는 작업을 진행했는데, 이 해설서를 《게마라(Gemara)》라고 한다. 《게마라》는 쉽게 말해 판례집에 해당한다.

《미쉬나》에 《게마라》를 덧붙인 것이 바로 《탈무드》이다. 《탈무드》가 완성된 때는 5세기 무렵이라고 한다.

헌법은 모든 법의 토대가 되지만, 일상생활에서는 일반 법률의 영향을 더 많이 받는다. 보통 판례에 따라 법이 집행된다. 그런 의미에서 《탈무드》는 유대인들의 실생활에 매우 밀접한 영향을 미친다.

수천 년의 방대한 지혜가
우리 손안에

《탈무드》는 총 20만 권, 1만 2천 페이지, 250만 단어로 이루어져 있다고 한다. 그 이름에는 '위대한 연구' '위대한 학문'이라는 뜻이 내포되었다. 원전은 무려 63권에 해당한다고 한다. 그런 방대한 지식의 산물이 유대인을 넘어 전 세계 모든 사람에게 영향을 미치고 있고, 지금 우리에게까지 이른 것이다.

유대인은 세 살 때부터 죽는 순간까지 《탈무드》를 손에서 놓지 않는다. 본문에서 설명한 하브루타 방식으로 둘이 짝이 돼 서로 대화하고 토론하고 논쟁하기를 평생 지속한다. 그러면서 다양한 시각으로 사물을 바라보는 훈련이 저절로 이루어진다. 논리적인 비판과 합리적인 대안 제시로 자신만의 독창적인 사고체계가 정립되는 것은 물론이고, 공동체를 위해 좀 더 발전된 아이디어가 창출된다.

《탈무드》는 특이한 것 중 하나가 첫 장과 마지막 장이 공백이라는 점이다. 첫 장이 비어 있는 것은 수천 년에 걸쳐서 전해져온 책이지만 언제 읽기 시작해도 유익하다는 의미를 담고 있다. 현재 자신의 삶이 놓여 있는 곳에서 《탈무드》를 이해하고 배우고 적용하라는 뜻이다.

마지막 장이 공백인 것은 자기 삶에서 얻은 지식과 경험을 지속적으로 채워나가라는 뜻이다. 전설로 전해져 내려오는 이야기를 배우는 것이 아니라, 매일의 삶에서 늘 참고해 적용하고 성장하라는 뜻이 숨겨져 있다.

《탈무드》의 힘은 거기에 있다. 종교와 시대를 떠나 《탈무드》의 이 오랜 지혜는 늘 생생한 가르침일 뿐만 아니라, 가치 있는 변화를 만들어내는 힘 그 자체다. 유대인의 역사가 그것을 증명한다.

유대인의 부와 성공이 우리의 것이 될 수 있다. 인생에서 부와 성공을 꿈꾸는 독자 여러분에게 부디 이 책이 그 꿈을 이루는 데 도움이 되길 바란다.

참고 문헌

- 《곁에 두고 읽는 니체》 사이토 다카시 저, 이정은 역, 홍익출판사
- 《내 안에서 나를 만드는 것들》 애덤 스미스 원저, 러셀 로버츠 저, 이현주 역, 세계사
- 《논어》 공자 저, 김형찬 역, 홍익출판사
- 《닛다 임신법》 홍영재 저, 넥스컴미디어
- 《대학·중용》 주희 저, 김미영 역, 홍익출판사
- 《도덕의 계보/이 사람을 보라》 프리드리히 니체 저, 김태현 역, 청하출판사
- 《미움받을 용기》 기시미 이치로·고가 후미타케 공저, 전경아 역, 인플루엔셜
- 《부모라면 유대인처럼 하브루타로 교육하라》 전성수 저, 예담friend
- 《부모라면 유대인처럼》 고재학 저, 예담friend
- 《비즈니스는 유대인처럼》 레비 브래크만·샘 제프 공저, 김정완 역, 매일경제신문사
- 《세계를 지배하는 유태인의 성공법》 카세 히데아키 저, 박순규 역, 인디북
- 《셰익스피어 4대 비극》 셰익스피어 연구회 역, 아름다운날
- 《소유냐 존재냐》 에리히 프롬 저, 차경아 역, 까치
- 《왜 유대인인가》 마빈 토케이어 저, 박현주 역, 스카이
- 《유대인 엄마처럼》 전성수 저, 국민출판사, 선한청지기
- 《유대인 이야기》 홍익희 저, 행성B잎새
- 《유대인 창의성의 비밀》 홍익희 저, 행성B잎새
- 《유대인의 생각공부》 쑤린 저, 권용중 역, 마일스톤
- 《인생의 갈림길에서 만난 유대인의 말》 데시마 유로 저, 이민영 역, 21세기북스
- 《장자》 오강남 편, 현암사
- 《주역》 정이천 저, 심의용 역, 글항아리
- 《죽기 전에 한 번은 유대인을 만나라》 조셉 텔루슈킨 저, 김무겸 역, 북스넛
- 《죽음의 수용소에서》 빅터 프랭클 저, 이시영 역, 청아출판사
- 《채근담》 홍자성 저, 김성중 역, 홍익출판사
- 《청춘아, 가슴 뛰는 일을 찾아라》 김해영 저, 서울문화사
- 《탈무드》 이동민 역, 인디북

- 《탈무드》 정창영 편, 시공사
- 《하버드 새벽 4시 반》 웨이슈잉 저, 이정은 역, 라이스메이커
- 《하브루타로 크는 아이들》 김금선 저, 매일경제신문사
- 《학문의 즐거움》 히로나카 헤이스케 저, 방승양 역, 김영사
- 《한비자》 한비자 저, 김원중 역, 휴머니스트
- 《항상 나를 가로막는 나에게》 알프레드 아들러 저, 변지영 역, 카시오페아